下司　晶・編

「甘え」と「自律」の教育学

ケア・道徳・関係性

下司　晶　富田純喜
須川公央　小山裕樹
関根宏朗　尾崎博美
櫻井　歓

世織書房

「甘え」と「自律」の教育学

■

目　次

第2章　保育における子どもの「自立」とは？●発達の関係論的アプローチによる再考

「甘え」と「自律」の教育学

序章

「甘え」と「自律」の教育学のために

■道徳の個人性からケアの関係性へ

下司　晶

本書の目的は、最近の研究動向を踏まえて「甘え」と「自律」をめぐる課題を検討し、今後の社会と教育が目指すべき方向性を展望することである。

「甘えていないで自分でやりなさい」――子どもがいる家庭では、こうした言葉を聞くことが少なくない。表現は異なるとしても、同じような意味の台詞は学校でも用いられる。未成熟な存在である子どもが、親や教師といった他人への依存状態から脱却し、自分の意志によって行為できるようになることは、家庭や学校だけではなく、あらゆる教育が前提とする目標であるといってもよい。ここで、他者に依存している状態を「甘え」、他者への依存から脱却した状態を「自立」、さらに自らの意志で自分の行為を決定可能な状態を「自律」とまずは呼んでおこう。「甘え」を脱却して「自律」に至ることこそ、近代教育学が長きにわたって教育目的として想定してきたものである。近代教育学では、自律することはまた、人が道徳的状態に至ることであるとされてきた。

しかし、近年の研究動向を踏まえるならば、この教育学の前提を問い直す必要がある、というのが本書の立場である。とはいえこのことはもちろん、「甘え」に安住して「自律」への一歩を踏み出す必要がない、ということを意味しないし、道徳性の涵養や人格の完成といったこれまでの教育学が目標としてきたものをすべて捨て去るべきだ、ということではない。本論に入る前に論点を整理しておこう。

本書で扱う「甘え」とは、精神科医の土居健郎《どいたけお》（一九二〇～二〇〇九）が、日本語の日常語から結晶化した概念である。一九七一年に『「甘え」の構造』（弘文堂）が発表されて以降、多くの関連本が出版され広く人口に膾炙するのみならず、精神分析の専門学会では国際的にも認められるところとなった。土居によれば、「甘えとは、乳児の精神がある程度発達して、母親が自分とは別の存在であることを知覚した後に、その母親を求めることを指していう言葉である」（土居 一九七一：八一）。『岩波　哲学・思想事典』では「甘え」は次のように説明されている。

相手や状況からの恩恵や働きを期待してこれに依存する態度。またそのような期待をみたす相手たることを求め前提する態度。〔……〕甘えが注目されたのは、土居健郎が比較文化論的観点から、西欧近代の自由・自助の態度・思考と対比して日本文化・日本人の特性としてとりあげたことに始まる。現在では、甘えは、文化の条件づけのバイアスを含みながらも、そもそも自己と他者との人称関係とその成長の根柢に普遍的にあるものととらえられることが多い（黒住 一九九八：三二四）。

つまり「甘え」は、単に個人の心性を示すだけではなく、個人と他者の関係のあり方を示しているため、文化や社会のあり方を考察するための手がかりともなる。したがって「甘え」を肯定的に理解するか、克服すべきものとみなすかという論点は、個人の成長という局面からだけでなく、日本社会のあり方をめぐる議論をも直接に喚起することとなる。

他方、「自律」とは、日常的には他からの支配や制約を受けずに、自分自身で立てた規範に従って行動することを指すが、哲学的にはイマヌエル・カント（Immanuel Kant, 1724-1804）によって、自ら打ち立てた普遍的道徳法則に従うこととされた。『岩波　哲学・思想事典』では、自律の概念は近代の基礎の一つと位置づけられている。

> 哲学的な自律の原理は、デカルトの「われ思う、ゆえにわれあり」と同様に、すべての人間的活動の根拠を理性におこうとする近代合理主義・主体主義の現われと考えることができる。だがより重要なことは、カントが人間の尊厳の根拠を、門地・身分といった伝統的・封建的な価値にではなく、自律もしくは自律によって導かれうる道徳性におくことで、あらゆる人格の尊厳と平等を基礎づけた点である。この点でカントの自律の原理は、近代的価値の倫理学的な基礎づけと解釈できる（杉田　一九九八：七九九）。

自律はまた、人間の成長とも関連する。カントは「啓蒙とは何か」において、啓蒙を、人が他人への依存から脱却し自らの理性を用いるようになることであると述べた。この過程は未成熟な状態から成熟した状態への移行としてもとらえられる。

　啓蒙とは何か。それは人間が、みずから招いた未成年の状態から抜けでることだ。未成年の状態とは、他人の指示を仰がなければ自分の理性を使うことができないということである（Kant 1784:35＝二〇〇六：一〇）(1)。

　ここで興味深いのは、カントが啓蒙を、子どもから大人への成長と比して論じていることだ。教育学者の森田伸子は、「教育への関心」こそ「啓蒙のコア」であるという（森田 二〇〇〇：二四六）。自律した個人によって構成される社会こそ、近代啓蒙が目指した目標でもあった。そして人間の自律を実現するために着目されたのが、教育である。近代教育学は、この啓蒙主義の前提から開始されたといっても過言ではない。

　しかし本書では、教育や社会を理解する際にこれまで用いられてきた典型的な二つの枠組みを問い直したいと考えている。

　まず第一は、個人の発達に関する図式である。個人が成長過程において依存を脱却して自律に至るという図式は近代教育学の前提であった。この図式では、幼少期には「甘え」に代表される依存状態にあり、成人は「自律」が示すような独立した状態であるというように、「甘え」と「自律」は対立する概念として、教育や成長にあっては前者から後者へと移行することが必然的であるととらえられてきた。

ところが、近年の状況依存的な学習論や関係論的な心理学では、個人なるものは他者や外界との相互関係によって立ち現れるのであり、他者から切り離されたアトム的個人という想定自体が、近代的なフィクションではなかったかとの問い直しが進んでいる。「甘え」に象徴される他者への依存は、成人以降も決して消え去ることはない。このことは人が決して幼児期を完全には克服できないという点から否定的にのみとらえられるべきではなく、むしろ他者との共存を可能にするための積極的な意義があると考えられるのである。

第二に、社会の発展に関する図式である。「甘え」と「自律」はそれぞれ、個人に関する理論であるとともに社会理論でもある。土居によれば日本社会の特徴である「甘え」は、ヨーロッパ社会では近代以前にみられたものであった。また、カント的な「自律」は啓蒙主義の中核的概念であり、自律的な個人によって構成される社会の実現こそ、近代の目指すべき目標であった。現在も途上国や十分な近代化を達成していないと考えられる地域では、教育や啓発によって個人を自律に向かわせること、そして自律した個人によって構成される政治体制をつくることが目標とされる。つまり「甘え」も「自律」も、前近代から近代への発展を称揚する理論であるといえる。日本やアジアを社会発展の前段階と見なし、ヨーロッパ近代を目指すべき模範と考える思考法は、今日では西洋中心主義的な発想として疑問視されているが、明治以降の日本では受容され近代化を推進する駆動因となってきた。だが、このような発展の図式は、本来多様であるはずの社会のありようを近代西洋のそれに一元化しようとするものだとして、ポストモダニズムやポストコロニアリズムからの批判がなされている。

以上では、「甘え」と「自律」に関する二つの図式、個人の発達と社会の発展に関する図式の問題点を整理してきたが、例えば近年注目されているケアリング論などは、近代的な個人と社会のありようをもっと直接的に問い直すだろう。ケアリング論は、個人の自律を基礎とし普遍的正義を重視する近代社会のあり方が、私たちが日常的に行っている他者への個別的な配慮という観点を十分に汲んでこなかったと批判する。

では、こうした新たな研究動向を踏まえて「甘え」と「自律」を問い直すとすれば、どのようなヴィジョンを提示できるのか。本書は、個人の発達と社会の発展における両面から、これを検討するものである。

本書は全二部から構成され、第Ⅰ部では主として「甘え」を、第Ⅱ部では同じく「自律」を主題とした検討を行う。ただし、この両概念は関連するため、この区分は厳格なものとはならず、一方を論じつつ他方に触れることもある。

各章の概要は以下の通りである。「「甘え」の教育学」と題した第Ⅰ部では、まず第1章「「甘え」の教育学のために——「甘え」概念の内包と外延」(須川公央)において、基礎概念の整理を行う。「甘え」は日常語から結晶化された概念であるが故に、多義的に用いられ曖昧さが否めないが、最初にこれらの整理がなされる。続く第2章「自律と他律のあいだで——「甘え」理論における能動性の問題」(関根宏朗)では、近年のアーキテクチャ論を手がかりに、「甘え」論がカント的な自律と他律の空隙を埋める可能性を示していると述べる。教育における能動と受動、自律と他律のあいだを「甘え」理論は示している。第3章「「甘え」理論と西田哲学——「甘え」の両義性と母子関係へのまなざし」(櫻井歓)では、土居の「甘え」理論と西田幾多郎の哲学を比較検討する。日本的な精神分析理論である「甘え」と日本独自の哲学である西田哲学はどのような関係にあるのかが、特に西洋と母子関係への両義的評価から論じられる。第4章「「甘え」理論と日本の近代――アイロニーとしてのポストモダニズム」(下司晶)では、「甘え」理論の社会批評的側面が検討される。「甘え」理論には明治以降の近代主義を反転させ、ポストモダニズムと呼応する可能性も秘められていた。

第Ⅱ部「「自律」の教育学」では、第1章「「自律」の教育学のために――教育における「自律」論の現在」(関根宏朗・櫻井歓)において概念的な整理が行われる。カント以来、近代教育学の基礎とされてきた「自律」は、ポストモダニズム以降の研究動向ではどのように再定位されるのかが、特に新自由主義以降の教育動向との関連から問い直される。第2章「保育における子どもの「自立」とは?――発達の関係論的アプローチによる再考」(富田純喜)では、ピアジェ以後の関係論的発達論に立脚しながら、保育者が「甘え」と「自立」の関係をどのように把握しているのかを検討する。その結果、「甘え」を脱して「自立」に至るという素朴な発達観は見直されることになるだろう。第3章「「自律」観の転換に向けて――カントの反省的判断力論をめぐる諸解釈から」(小山裕樹)では、他者からの独立というイメージでとらえられてきたカント的「自律」が再検討される。「自律」には他者の感受が必要であり、「自律」と「ケア」は二項対立図式ではとらえられないことが、カントに即して述べられる。第4章「「ケア」は「自律」を超えるか?――教育目的論からの検討」(尾崎博美)は、「自律」概念が近年、ケアリング理論などによって批判されていることを踏まえて、教育目的として今後も「自律」を掲げ続けることの当否を問い直し、また私たちは今後どのような社会を構想可能かを指し示す。

終章「交錯する地平――「甘え」の人間学と「自律」の教育学と」(関根宏朗)では、本書の成果を振り返りながら、教育が孕む近代性を認めたうえで、そのことを無批判に前提とするのでもそれを単純に否定するのでもなく、その自明性に疑問符を突きつけ続けることの意義が述べられる。

以上で論じてきたように、「甘え」と「自律」という概念に着目しながら、近代的な教育理論の組み替えを行うことが本書の目標である。しかし教育理論を組み替えるためには、私たちがどのような社会を目指すかということも自覚的に検討せねばならない。教育はそれ自体が目的とされるべきであって、それを理想の社会を実現するための手段とみなすことは避けるべきだとしても、目指すべき社会像抜きに教育は構想し得ないからである。その上で最終的に描き出される新たな教育像では、子どもから大人へ／前近代から近代への単線的な発展を強制するかの図式は影を潜めることになるだろう。また今後社会が目指すべき方向性に関して、他者との共存に向けての新たな観点が開かれることになるだろう。

とはいえ新たな教育と社会を構想していくのは、まだみぬ世代を含む皆さん自身である。本書がその契機の一つとなるのであれば、編者としてこれ以上の歓びはない。

【註】

1　傍点は省略した。ここでは一般的な理解を得やすいと考え、あえて中山元による新訳を用いた。中山訳では、通常「悟性」と訳されるVerstandが、「理性」と訳されている。本書第Ⅱ部第3章では、カントの「悟性」「理性」により詳細な検討がなされている。また第Ⅱ部第1章では、「自律」概念に関する整理が行われている。

【文献表】

Kant, Immanuel (1784) "Beantwortung der Frage : Was ist Aufklärung?," *Kant's gesammelte Schriften*, herausgegeben von der Königlich Preußischen Akademie der Wissenschaften, Berlin, G. Reimer, Bd8,

S33-42.＝（二〇〇六）「啓蒙とは何か」中山元訳、中山元編『永遠平和のために／啓蒙とは何か』光文社古典新訳文庫、九～二九頁。

＊

黒住真（一九九八）「甘え」廣松渡他編『岩波　哲学・思想事典』岩波書店、三四頁。

杉田聡（一九九八）「自律」廣松渡他編『岩波　哲学・思想事典』岩波書店、七九八～七九九頁。

土居健郎（一九七一）『「甘え」の構造』弘文堂。

森田伸子（二〇〇〇）「啓蒙」教育思想史学会編『教育思想事典』勁草書房、二四五～二四八頁。

I

「甘え」の教育学

I

第1章

「甘え」の教育学のために

■「甘え」概念の内包と外延

須川公央

はじめに

普段、日常語として頻繁に用いながらも、いざその意味を問われると返答に窮するような言葉がある。本書で取り上げる「甘え」もその一つであろう。「甘え」理論あるいは土居理論として、広く人口に膾炙される契機となった土居健郎の『「甘え」の構造』（一九七一）の上梓から早四十年強。いま改めて土居の著作群を紐解くと、「甘え」とその関連語が有する豊饒な語彙世界に半ば圧倒させられつつも、肝心の定義については何となく釈然としない気にさせられる。

まず、「甘え」は日本語に特有な言葉であると言う。「「甘え」という語は日本語に独特で、少なくとも欧米語の中にこれと全く同じものを見出すことはできない」。さらに続けて、「それが表現する心の働きは日本人だけに限られるものではなく、ひろく人間一般に具わっている」と言う（土居 一九九七：二四三）。言葉としては日本語に独特でありながら、人種や文化に関わりなく「甘え」は万人に共通する心の働きである。しかし一方で、日本語に固有であることを根拠に「「甘え」は日本的感情である」と断じつつ、「他方で「甘え」という言葉が存在しない社会にも「甘え」の感情は存在し得る」と述べるにあっては、それが日本固有のものなのか通文化的なものなのかをめぐって、読み手は混乱させられることになる（土居 一九八一a：一一〇～一一一）。

定義にいたっては、さらに厄介である。「甘えとは、乳児の精神がある程度発達して、母親が自分とは別の存在であることを知覚した後に、その母親を求めることを指していう言葉」（土居 一九七一：八一）と言うのであるから、それは感情なのか、はたまた現象を意味する言葉なのか、一層判然としない。実際、土居が提起した「甘え」については、その定義の曖昧さ（甘さ）ゆえに、これまで数多くの文献批判的研究がなされてきた（木村 一九七二、竹友 一九八八、長山 一九九七など）。その論点としては、土居の言う「甘え」が、（Ⅰ）甘えという語、本来の語源的意味から逸脱しており、（Ⅱ）語義の曖昧さゆえに分析概念として不適当であると指摘するもの、さらには（Ⅲ）「甘え」が日本固有の文化的属性であるという主張の妥当性など、言語論を始め、文化論から方法論にいたるまで、幅広い観点から批判が発せられている。

とはいえ、こうした定義の不明瞭さは、土居の学問的成果を直ちに減ずるものではないであろう。『「甘え」の構造』に始まる一連の「甘え」理論は、批判的であれ好意的であれ、土居の学問的バックグラウンドであった精神医学（精神分析）はもとより、比較文化論、言語論、文学、教育学等々、幅広い領域からの衆目を集め今日にいたっている。とりわけ文化論に関して言えば、六〇年代から八〇年代にかけて隆盛を極めた戦後日本文化論に与えた土居の功績は、強調してもしすぎることはない。

『「甘え」の構造』は、戦後日本が折り返し点にさしかかった時点で、それまでの日本の総括をするとともに、その後、二十一世紀の現在にいたる日本の状況を予見していたと言える。一九七〇年代以降、日本文化についての議論は、以前にもまして活況を呈しているが、〔……〕その多くに、土居の「甘え」理論は有形無形にかかわってきた。戦後日本文化状況の転回点に立てられた里程標といってよいのである（大久保 二〇〇三：二三七）。

本章の目的は、土居健郎によって提唱された「甘え」概念の内包と外延をあらためて再検討し、その教育学的インプリケーションを示すことにある。土居理論のオリジナリティは、何よりも我々の日常に埋没していた「甘え」を、学問的吟味に耐えうる概念として剔抉したことにある。しかしながら、ともすればその捉えどころのなさゆえに誤読され、あるいは日常語であるがゆえに使い勝手の良い説明概念として汎用されてきたのではないか。土居理論に対する批判者たちの多くが、「甘え」の定義に拘泥したという事実は、「甘え」理論の茫漠さと社会分析のための簡便なツールとして安易に応用することへの警鐘とも受け取ることができる。ここで、その今日的意義を再確認するにあたり、まずは概念の輪郭を明らかにしておくことは、次章以下における議論の素地を整えるという意味でも必要不可欠な作業と言えるだろう。

1 「甘え」の発見とその定義をめぐって

『「甘え」の構造』には、土居が日常語の「甘え」に着想を得、それを独自の理論として昇華するにいたったエピソードが数多く描かれているが、なかでも直接の契機となったのは二度のアメリカ留学にある。「どのようにして私が甘えということを問題にするようになったか〔……〕それは一般に文化的な衝撃（cultural shock）といわれるものを私が体験したことに関係がある。私は一九五〇年、ガリオア奨学資金を得て精神医学を学ぶべく渡米した」（土居 一九七一：一）。

渡米体験が、彼の地の文化や慣習、思想を鏡として「日本的なるもの」（＝甘え）の存在を強烈に自覚させたのは事実だとしても、その思想形成に土居自身の生育史的背景を重ね合わせてみることも可能かもしれない。例えば、学問上の師であった古沢平作との確執、精神療法家としての臨床経験、土居自身の親子関係、矢内原忠雄からの離反とそれに続くカトリック信仰等々(1)。

ところで土居理論の独自性は、しばしば「甘えの発見」と称されるように、「甘え」が日本語に特有であることをもって、それを日本的心性として描き出したことにある。しかし他方で、土居は先に見たように「甘え」の感情や現象はあらゆる文化や人間のうちにも認められると言う。

ここで文化相対主義の観点から、日本人や日本文化の基層に底流するとされる「甘え」が、人種や文化に拘束されることなく普遍的に認められるという立論の矛盾——すなわち特殊日本的な発見物である「甘え」を、その言葉のない西欧に適用して、そこに「甘え」を再発見するという方法論的転倒に対する批判はさして重要ではない。むしろ問うべきは、土居の言う「甘え」概念の内実であり、一見すると矛盾しているように思われる前述の言明を可能にしている論理である。

では、土居が言う「甘え」とは、そもそも何なのか。彼の著作から「甘え」の概念規定に相当し、かつ重要であると思われるものを二つばかり抜き出してみることにしよう。

●定義Ⅰ　対人行動的・現象的側面を指すものとしての「甘え」

まず「甘え」の最も簡単な定義として、人間関係において相手の好意をあてにして振る舞うことであると言っておこう。但しこの際最も肝腎なのは、そのことが自意識なしに自然に行われることである（土居 二〇〇一：六五）。

●定義Ⅱ　動機的・欲求的側面を指すものとしての「甘え」

甘えの心理は、人間存在に本来つきものの分離の事実を否定し、分離の痛みを止揚しようとすることであると定義することができる（土居 一九七一：八二）。

まず「定義Ⅰ」であるが、これは日常語としての甘えの語義とほぼ一致する。『日本国語大辞典』（第二版）によれば、甘えの動詞形である「甘える」には、⑴甘味がある。甘いかおりがする。⑵相手の理解ないし好意を予想したうえで、なれ親しんだ行為をする――（イ）親しんで、なれなれしくふるまう、（ロ）遠慮しないで、相手の理解や行為によりかかる、（ハ）親しんで得意になる。いい気になる。⑶恥ずかしく思う。きまり悪く思う、の三つの意味が説かれている（小学館国語辞典編集部 二〇〇〇：五一九、cf. 竹友 一九九九：四八）。このうち⑴と⑶に関しては、現代の用法としてはほとんど馴染みがないが、⑵については土居の定義と違うものではない。これは甘えの対人行動的・現象的側面について記述したものであり、本論ではこれを竹友安彦の概念整理に依拠して、便宜的に「対人行動的甘え」（inter-actional "Amae"）と呼ぶことにする（竹友 一九九九：四七）。

続いて「定義Ⅱ」であるが、これは土居のオリジナルの定義と見て差し支えない。これは「対人行動的甘え」の心理的側面、つまり甘えの動機について記述したものであり、土居はこの定義をパラフレーズして、「依存欲求」や「愛されたい欲求」（土居 一九六二：一四）、あるいは「相手との一体感を求めること」（土居 一九六六：一七三）などと説明する。以下では、先と同様にこれを「精神内的甘え」（intra-psychic "Amae"）と呼ぶことにしよう（竹友 一九九九：四七）。

さて、土居理論に対する批判者の一人である木村敏は、かつて土居が援用した『大言海』を引きつつ、辞典的根拠に基づけば、甘えはそのような動機を意味するのではなく、現象それ自体を指すとして、次のように批判している。

> 日本語でいう「甘え」とは、一体化を求める依存欲求を表す言葉ではなくて、いわばすでに相手に受入れられ、一体化が成立している状態において、もしくはそのような許容が成立しているという自分本位の前提の上に立って、勝手気儘なほしいままの振舞をすることを意味している（木村 一九七二：一四九）。

確かに、木村が指摘するように甘え現象それ自体は依存欲求を意味しない。木村が意図するのは、現象としての甘えを精緻に捉えることなしに、それを依存欲求と等値すること――先の言葉で言えば「対人行動的甘え」と「精神内的甘え」の混同――への反駁である(2)。この点に関して、土居は次のように述べていた。

「甘え」現象はふつうは無自覚的前言語的に起きているから、その根底にあるものとして依存欲求なるものを設定できる〔……〕すなわちかかる依存欲求の意識・無意識両面での現れが「甘え」現象に他ならないことになる。とすれば「甘え」の語によって依存欲求を代表させて一向にかまわないわけだ(土居 一九八八:一四〇)。

しかし、はたして本当にそうであろうか。その反証として、「お言葉に甘えまして」という言葉とその発話が生起する状況について考えてみる。「お言葉に甘えまして」という言葉の背後には、一見すると、甘える側に相手の好意を当てにする心理が働いているかのように見える。しかし、甘えられる側の熱心な勧誘に抗しきれず、しぶしぶ相手の好意に従う(甘んじる)といったシチュエーションも考えられなくもない。この場合、状況的には当事者間に甘えの現象が成立しているように見えても、甘える側には依存欲求なるものは認められない。とはいえこの場合、実は甘えられる側こそが甘えていたとも考えることができるし、相手の好意にしぶしぶ従わざるを得なかった甘える側の態度に、甘えの心理を見て取ることも可能なのかもしれない。また、土居もしばしば取り上げる「甘えたくても甘えられない」心理についてはどうであろうか。文字通りに解釈すれば、この場合、「精神内的甘え」は存在するが、甘えられないのであるから現象としての甘え、つまり「対人行動的甘え」は認められないことになる。

以上のように考えていくと、さしあたってここで検討すべきは「精神内的甘え」と「対人行動的甘え」の関係をどう捉えるかということになろう。

2　「甘え」の内包と外延

米国の精神分析医である竹友安彦は、土居の理論を「動機の理論 motivational theory であって関わり方の理論 interactional theory でない」とし、自ら「「甘え」は関わり合い（interaction）の意味の場（context）を規定するメタ言語であり、「この関わり合いの意味の場は常規の拘束から一時解放されたものであることを互いに同意する」というシグナルの表現である」と定義する（竹友 一九八八：一三七〜一四〇）(3)。ここで言う「常規の拘束」とは、前後の文脈から推察するに、対人関係において通常なすべきと考えられている常識的な行動規範のことを指しており、したがって「甘え」とはこの規範から一時的に解放された当事者同士の関わり合いを、その文脈も考慮に入れたうえで規定する言語ということになる。これは「対人行動的甘え」の諸相を精査したうえで、甘えの諸現象をコミュニケーション論的な観点から包括的に定義しようとする試みとして評価できるが、先の木村にしろ、竹友にしろ、両者の批判に共通するのは、端的に言ってしまえば「甘えは依存欲求である」と、あたかも全称命題の如く定義する土居の概念規定に対する異議申し立てである。

では、土居の著作において、この「精神内的甘え」と、現象としての「対人行動的甘え」の関係はどのように理解されているのだろうか。まず、「精神内的甘え」の内実について検討していくことにしよう。依存欲求、あるいは「甘え」の欲求とも言い換えられる「精神内的甘え」は、先に見たように甘え現象の根底にあるもの——甘えの心理、動機——として理解されている。土居はこれを、感情であり、かつ欲求（欲望）であり本能であると述べるが（土居 一九八一a：一〇八）、これは明らかにフロイトのリビドー概念を念頭に置いている。実際、土居はリビドーと「甘え」の関係について、次のように述べている。

> フロイド《ママ》のリビドー概念は甘え現象をも包摂するものであると理解して間違いではないであろう。すなわちリビドー概念は、フロイド《ママ》の所説にしたがうと、接触の感覚的欲望と結合の欲望の二つを含むと考えられるので、私はリビドー概念を前者に限り、後者を依存欲求として「甘え」の本質を代表させることにしたのである。もっとも依存欲求が「甘え」の本質を代表するというのは論理的要請によってそうしたのであって、現象的には甘えこそ依存欲求を代表する（土居 一九七五：八二）。

まず、この一文からも明らかなように、甘えの動機としての依存欲求は、リビドーの一性格である自己と他者の結合を志向する欲望であるとされる。土居は、乳児期の母子関係を「甘え」の心理的原型として想定するが、それは、母子未分の状態にある乳児が、精神の発達に伴って徐々に母親を他者として

図１　「甘え」の心理と依存欲求の関係

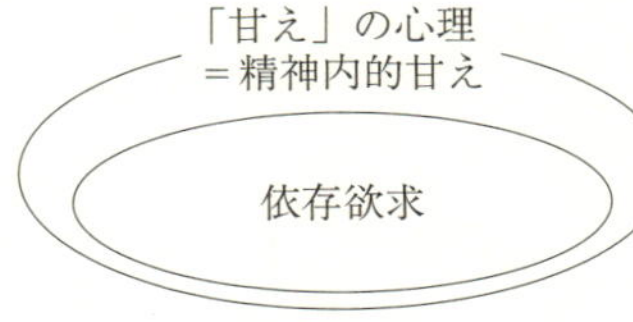

図2　甘え現象と依存欲求の関係

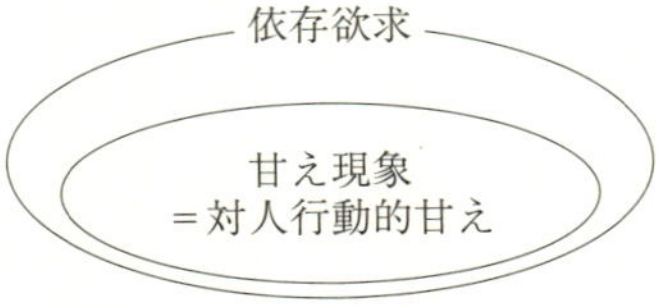

知覚し、それによって生じる母子分離の痛みを母親との再結合によって解消しようとすることが、「甘え」の心理的起源であるということを意味している。

さて、ここで先の引用にある「依存欲求は「甘え」の本質を代表する」と「現象的には甘えは依存欲求を代表する」いう二つの二律背反的な命題について考えてみることにしたい(4)。前者の「「甘え」の本質」として土居が想定しているのは明らかに心理・動機としての「甘え」(精神内的甘え)であり、これと依存欲求の論理包含関係について言えば、後者は前者に包含されるサブセットであると理解することができる(図1)。続いて、後者の「現象的には甘えは依存欲求を代表する」という命題であるが、これも同じように考えれば、甘え現象は依存欲求に包含される——すなわち、甘え現象の背後には必ず依存欲求が存在するということになり、また同時に、甘えとして表出されない依存欲求が存在することも暗に示唆されることになる(図2)。

以上のように見ていくと、「精神内的甘え」と「対人行動的甘え」の関係は、自ずと明らかになるだろう。まず「甘え」の心理、すなわち精神内的甘えは、依存欲求を包含する(「精神内的甘え」∪「依存欲求」)。続いて、甘え現象(対人行動的甘え)は依存欲求に包含される(「甘え現象」∩「依存欲求」)。結果、精神内的甘えは対人行動的甘えを含むより大きなカテゴリーということになり(「精神内的甘え」∪「対人行動的甘え」)、この定義に基づく外延拡張により、土居の「甘え」概念はこれまで対人行動の枠内で考えられてきた意味内容の範疇を超え、より広範な事象を捕捉することが可能になるのである。例えば、先の「甘えたくても甘えられない心理」や「自分に甘える心理」はもちろんのこと、「甘え」の変奏とされる「すねる」、「ひがむ」、「うらむ」、「ひねくれる」などといった事象を説明することも可能になるということである。

では、先の日本的心性として「発見」された「甘え」が、人種を問わず通文化的に認められるという主張についてはどうであろうか。この点に関して、土居は次のように述べていた。

なるほど「甘え」に相当する語彙は中国語にも欧米語にもないかもしれません。しかし「甘え」の心理まで皆無であるということはできないのです。ただ言葉がないのですから、それが意識されることは皆無か、あっても極めて稀であるといってよいでしょう（土居 一九七二：一九）。

この言語と心理の関係について、土居は「サピア・ウォーフの仮説 Sapir-Whorf hypothesis」を援用して、自説の論拠とする（土居 一九七一：七〇〜七八）。本仮説に代表される言語相対説によれば、他と異なる固有の構造を持つ言語話者たちは、その言語特有の現実世界の認識枠組みを共有する――つまり言語が異なれば、世界認識や現実世界の分節化の仕方も異なる、とされる。したがって、この説に従えば「日本人は甘えの語彙群で自己の世界を分割して知覚する」が「この語彙群を欠く西欧人が世界を同じように分割し知覚することはできない」（熊倉 一九九三：九六）ことになる。ここで土居はこの考えをさらに推し進め、言語以前の心的過程（無意識）の存在を仮定することで、この問いの止揚を試みる。

つまり、「言語はなくても心理は存在する」という一文は、欧米では「甘え」に相当する語を欠き、しかも日本ほどに依存的な人間関係が社会的慣習や規範の中に取り入れられていないがために、「甘え」の心理は意識化されることなく無意識の中に留まっているということを意味している。

さしずめ欧米人にとって「甘え」とは、現象としては知覚・認識されないが、心理・欲求としては存在するものである。それは言うなれば、「図」と「地」が分化していない一個のゲシュタルトのようなものであると言ってよいかもしれない。

3 日常語と専門語の〈あいだ〉

土居が日常語の甘えを、「甘え」の心理として概念化するのは、何よりも「甘え」を学問的吟味に耐えうる概念として打ち立て、他の精神分析概念に比肩する地位にまで高めようという意図があったからに他ならない(5)。しかしながら、「甘え」が「概念」として普遍的意義を持つためには、諸分野における学術用語がそうであるように、内包と外延、つまり定義の妥当性が問題となってくる。批判者の一人である長山恵一は、土居が概念化、普遍化を急ぐあまり、「甘え」概念が外延過剰をきたし、ありとあらゆる事象が「甘え」で説明されてしまうとして、その用法に苦言を呈している（長山 一九九九：五二）。

確かに、長山が指摘するように、土居が「甘え」概念を外延過剰的に使用している感は否めない。例えば、「フロイド《ママ》の同一化（identification）の概念が実は全く「甘え」に該当する」（土居 一九八一a：一一四）であるとか、「ハインツ・コフート（Heinz Kohut）の造語「自己対象」（self object）の概念が「甘え」に相当する」(土居二〇〇一：八五)といった用法は、「甘え」の外延過剰的な使用以外のなにものでもない(6)。また法学者の川島武宜も、土居と大塚久雄との鼎談のなかで、「甘え」概念は、研究対象確立のための概念としては有効であるが、その指示内容の多義的性格ゆえに、分析道具的概念として用いるのは不適当であると指摘している。川島によれば、「甘え」という概念は「研究対象を探り出す道具であり、それは、まさに日本の日常用語のもっている多様な意味をとおして、研究者の観察用——また土居さんの診療用——のレンズとして有用な道具になる」(大塚他一九七六：四〇)が、「分析の道具としてのことばないし概念は、一義的でなければならず、またそれは、同一社会の他の諸現象や、他の社会の現象(何らかのしかたでそれと対応しあるいは相違する)との比較や関連づけを可能ならしめるような、高度に論理的な明確な固定的な意味(概念)を指示することばでなければならない」(大塚他一九七六：一五)。これに対して土居は、川島が言うように「甘え」を一義的に定義することは、「一つの意味だけに限って、それ以外は切って捨てる」(大塚他一九七六：二八)ことになり、それでは日常語が本来持つ意味の豊かさが削ぎ落とされてしまうのではないかと反論する。そのうえで、日常語である甘えを専門語として用いることの効用について、次のように述べる。

私が「甘え」という言葉は、単に日本的な現象を記述するために便利な日常語であるだけではなく、一つの方法概念として定義できると思ったのは、それが実際いろいろな使われ方をしていて、それぞれの場合に、英語やドイツ語では違ったことばを使わなければならないのに、日本語では「甘え」一つですませられる。ということは、そこに一貫したものがあるからなんで、その一貫したものを取り出してそれを定義することが可能だと考えたからです（大塚他 一九七六：二一八）。

この一貫したものとは、「甘え」の心理に他ならないのだが、問題は日常語としての甘えの多義的性格ではなく、専門語としての「甘え」＝甘えの心理の多義的性格である(7)。土居の「甘え」概念は、日常語としての甘えの意味内容を包摂するほど高度に抽象的な概念であるため、外延過剰的な使用が可能となってしまう。したがって、それは論理的な明快さを欠くことは否めないと言える。しかし逆を言えば、多義的であるからこそ、「甘え」は甘えという日常語が分節化する意味内容の全体を直裁に表現できるとも言えるし、また、甘えとその類縁現象の具体的なイメージを喚起しやすいとも言えないだろうか。土居は、「「甘え」の語はいわばメタファとして使われ得る」（土居 一九八八：一四〇）と述べ、「甘え」の隠喩的性格を強調する。周知のように、隠喩（metaphor）とは直喩的表現から「～ようだ」という助動詞を省略して、「AはBである」と表現する修辞技法の一種である。その際、AとBは何らかの共約可能な関係によって結ばれていることが条件となる。

ところで、現象としての甘えは、本来、無意識として発露する――「甘え」が意識されると甘えは成立しない――から、その無意識の「甘え」性なるものは、言語として当の本人に捕捉されることはない(8)。例えば、土居が例に挙げる「悪態をつくのは甘えである」という一文について考えてみれば、悪態をついている当の行為者は、通常、それを甘えという言葉によって認識してはいない。この場合、悪態の背後にあるものが意識されてはじめて、悪態＝甘えという等式が成立するのであるから、この場合の「甘え」は、言うなれば隠喩として使用されたことになる（土居 一九八一b：二三四、熊倉他 一九八四：一七二）。

土居が「「甘え」はメタファとして使われ得る」と言うとき、それは前述の例に即して言えば、「甘え」という語が現象としての悪態とその背後にある心理を架橋することで、隠された（抑圧された）感情や欲求を顕在化するための手段（解釈）であるということを意味している。言い換えれば、隠喩としての「甘え」は、フロイトが用いた日常語“Es”（それ）の如く、欠如しているものを炙り出す「発見的（heuristic）概念」（土居 一九八八：一四六）として、無意識の深みを「超えて（meta-）」当事者の意識領野に意味を「運ぶ（phorein）」。この場合の意味とは、これまで満たされることなく無意識裡に抑圧していた他者に愛されたい欲求であるとか、他者と親密になりたい感情といったものが具体的には該当することになろう。

さて、以上のような「甘え」を始めとする日常語起源の専門語における隠喩的機能は、土居が精神療法家であったという事実を鑑みれば、こと臨床の場面においてその有効性を存分に発揮するにちがいない。フロイトがそうであったように、土居もまた日常語に即して思索することの重要性をつとに指摘していた(9)。それは何よりも「日常語はそれが使われるコンテクスト如何によって少しずつ意味が変化する」（土居 一九九一：一五二）という状況依存的な特性を有するがゆえに、個々の症状から推測される病因を順次探索していくための発見的かつ道具的概念として有用であるということを、両者とも経験的に熟知していたからに他ならない。

しかしながら、発見的概念として「甘え」の有用性を認めることとは、同時に分析概念としても妥当であることを意味しない。先の川島の指摘にもあるように、おそらく専門語としての「甘え」は通常科学的な意味での分析概念としては不適当であろう。それは、土居が「定義から出発することには反対」（土居 一九八八：一三三）であったという事情――定義それ自体に反対しているわけではない――に起因している。一義的に定義された専門語は、語の使用がそのコンテクストに予め組み込まれてしまっている。それはもちろん専門家集団における意思疎通や学問的構築を容易にはするであろう。しかし、「にもかかわらず」と続けて述べる土居の次の文章は、専門語の意義を認めつつも日常語からあまりに乖離してしまった専門語の氾濫状況に対する危機意識とも受け取ることができる。それはアカデミズムの徒はもとよりカウンセラーや教師など、言葉を操る仕事を生業とする者たちへの警句と読めないだろうか。

> 専門語が客観性を標榜するというまさにその理由故に使い続けていると、それは単に上滑りする専門家のステイタス・シンボルのごときものになってしまう。こうなると専門語は学問の進歩を保証するどころか、かえってそれを阻害するものとなる。このような弊害を防ぐためには、専門語に安住することなく、常にこれを吟味し、殊に専門語と日常語との間の風通しをよくしておくことが絶対に必要なのである（土居 一九九一：一五四）。

おわりに――「甘え」の教育学のために

以上、土居の「甘え」概念の整理を中心に議論を進めてきた。最後に、これまでの考察を踏まえて

「甘え」理論の教育学に対するインプリケーションとなりうると思われる論点を、二点ほど提示してみることにしたい。まず一つめは、「甘え」の価値をめぐる問題である。すなわち「甘え」は肯定されるべきものか、あるいは否定されるべきものなのか。小此木啓吾は「土居の甘えに対する態度にも克服から肯定への変遷がある」（小此木 一九九九：二三）と見立てるが、はたして土居自身はというと「言葉では甘えを否定も肯定もしない」（小此木 一九九九：二五）と、回答を留保している。とはいえ、彼の著作を一読すれば分かるように、ある箇所では「甘え」を積極的に評価し、また別の箇所では否定的に用いるなど、その価値評価をめぐって、土居は絶えず逡巡し続けていた。

このように、その語られる文脈に応じて「甘え」の評価が変わるために、読み手としては、そこに一貫した答えを見出しづらい。これはおそらく、「甘え」それ自体の両価的性格に加えて、本書第Ⅰ部第3、4章でも言及されるように西欧近代的な理論枠組みから自由になりきれなかった土居自身の中庸的な態度が起因していると考えられる。しかしながら、土居が「甘え」の評価に対して終始アンビヴァレントであり続けたという事実に鑑みつつ、さらにその一歩先を見通すことは、「甘え」理論の今日的意義を探るうえでも必須の作業となろう。ここでは、その一つの視角として〈依存〉から〈自立〉（自律）へという近代的な個体発達論モデルを「甘え」によって相対化することは可能なのか、という問いを提起することにしたい。そもそも土居が、すでに一定の社会的な価値付与がなされている「依存」や「自立」（自律）ではなく、「甘え」という語の分析を自身の研究の根幹に据えたのも、その時々の状況に応じて良くも悪くもありうる「甘え」の両価的性格への着眼ゆえに、アプリオリな価値判断から自由に思索することが可能であると判断したからかもしれない。それは同時に既存の発達論を問い直す視点をも提供してくれよう。

いま一つは、教育の心理主義化の弊害ともいうべき今日の教育現場における専門語の氾濫状況に対して、土居の方法論的意義をあらためて再確認できないか、ということである。今般、アメリカ精神医学会が発行する精神疾患の診断基準『精神障害の診断と統計マニュアル』(*Diagnostic and Statistical manual of Mental disorders*：ＤＳＭ）の第五版（二〇一三年）が刊行されたことは記憶に新しいが、こうした診断基準にもとづく安易なラベリングの波は徐々に教育の世界にも押し寄せつつある。大森与利子による次の指摘は、教師の「児童や生徒へのかかわりに自らが培ってきた生活者としての感性」が、精神医学や臨床心理学といった専門知によって収奪されつつある現況とその行く末を暗示しているかのようで示唆的ある。

> 教育現場には、今や精神医学も導入されている。学校内に、学習障害、ＡＤＨＤ、アスペルガー症候群、行為障害などの精神医学的パラダイムが行き交い、それらに精通しているか否かが、教師としての技量の分流点となっているほどである。そうなると、現前の子どもたち自体を理解することよりも、概念把握に勤しむことの方が暗黙の共有事項となっていくであろう（大森 二〇〇五：二六五）。

あくまでも日常経験に即した言語使用と個別具体的な事例から帰納的に事象の全体像を把握するという土居の手法は、以上のような指向とは真逆のものであったと言うことができよう。熊倉伸宏が評するように、フロイトとその師シャルコーと同じく土居もまた「観る人」であった（熊倉他 一九八四：七七）。甘えという日常語の分析から始まった土居の学問的営為は、一貫して人間や文化一般の「わからなさ」を一足飛びに専門知に結びつけることなく「わかる（馴染む）」ものへと自身の言葉で変換していくという地道な方法的態度に貫かれていた。その根底にある「観る（診る、看る etc.）」というあまりに素朴な営みが持つ力を、我々はここであらためて想起する必要があるように思われる。

【註】

1 自身「甘え」研究者であり、土居門下でもあった熊倉伸宏は、土居の思想形成に与えた影響として、特にカトリック信仰と古沢平作との確執を指摘している（熊倉 一九九九）。

2 木村の批判と同様の観点を示したものとして、小此木（一九六八）が挙げられる。「私たちが、「甘え」によって追体験するのは全体的な体験である。それは、分析すると、依存欲求のみから成るものではなく、感情体験であると同時に、自我の適応パターンであり、対人交流様式である。にもかかわらず、精神力学的概念としての「甘え」は、「甘えたい」という依存欲求として用いられる」（小此木 一九六八：一六）。

3 この「互いに同意する」とは、甘える側のシグナルを甘えられる側が許容する場合はもちろんのこと、許容しなかった場合も同意していると見なされるということである。つまり甘えのコンテクストを相互が同意していることを意味する。

4 この二つの引用中で区別されている〝甘え〟に付せられた括弧は、「甘えの心理」と「現象としての甘え」を識別するための符牒であると考えられる。

5 それは以下のような素朴な疑問に基づいている。「もし西洋伝来の概念でそれに相当する日本語がない場合、新たに翻訳語を作るかあるいは原語をそのまま片仮名で示すことによって間に合わせることが当然なこととされているとすれば、「甘え」のようにそれに相当する欧米語がない場合にも、それを欧米人にも意味のある普遍的な概念として主張することがなぜできないのか」（土居 二〇〇一：六一～六二）。

6 もちろん土居自身、これら概念が「甘え」とまったく同じであると言っているのではない。「たしかに私はふつうは別々に扱われている精神分析的概念の多くと「甘え」概念を関係づけた。私はもちろんすべてが同じだと言うつもりはない」（土居 一九八九：一二四）。しかし、いささか誤解を招きかねないこうした用法が、後の「甘え」理論に対する過剰な批判を呼び込む一因になったことは容易に想像がつく。

7 この多義的という言葉は、「甘え」の語の定義、つまり「内包」が抽象的であるということ、そして内包が抽象的であるがゆえに、その語が適用される事物・事象の集合、つまり「外延」の範囲が広いということを意味している。

8 「甘えている本人は、子供の時のみならず長じた後も、それが甘えといわれるものであることをふつうは自覚しない。したがって「あなたは甘えている」「彼（彼女）は甘えている」と二人称、三人称には使えても、一人称で「私は甘えている」とは、余程反省するのでない限り、言えない。しかもここが逆説的だが、「私は甘えている」と自覚した時は、もはや甘えてはいない」（土居 二〇〇一：六六）。

9 このことはフロイト著作の英訳問題を我々に想起させる。B・ベッテルハイムは、『フロイトと人間の魂』（1982）のなかで、「自我」"Ich"や「エス」"Es"といった日常語由来の概念が、英訳では各々「Ego」および「Id」というラテン語に置き換えられてしまったことで、日常語本来のニュアンスが失われてしまったと批判する。しかし逆に、土居批判に見られるように、フロイトが日常語を専門語として用いたことに対する批判を、私は管見の限り聞いたことがない。これは、わが国の知識人が往々にして、翻訳語ばかりに頼って、日本語で思想しないという特殊な事情ゆえのことなのであろうか。

【文献表】

Bettelheim, B. (1982) *Freud and Man's Soul*, New York, A. A. Knopf＝（一九八九）『フロイトと人間の魂』藤瀬恭子訳、法政大学出版局。

＊

大久保喬樹（二〇〇三）『日本文化論の系譜――『武士道』から『「甘え」の構造』まで』中央公論新社。

大塚久雄・川島武宜・土居健郎（一九七六）『「甘え」と社会科学』弘文堂。

大森与利子（二〇〇五）『「臨床心理学」という近代』雲母書房。

小此木啓吾（一九六八）「甘え理論（土居）の主体的背景と理論構成上の問題点」『精神分析研究』一四（三）、日本精神分析学会、一四～一九頁。

小此木啓吾（一九九九）「甘え理論――その歴史的背景と発展」北山修編『日本語臨床3――「甘え」について考える』星和書店、三～二八頁。

木村敏（一九七二）『人と人との間――精神病理学的日本論』弘文堂。

熊倉伸宏・伊東正裕（一九八四）『「甘え」理論の研究――精神分析的精神病理学の方法論の問題』星和書店。

熊倉伸宏（一九九三）『「甘え」理論と精神療法――臨床における他者理解』岩崎学術出版社。

熊倉伸宏（一九九九）「甘えと欠如」北山修編『日本語臨床3――「甘え」について考える』星和書店、一一三～一二八頁。

小学館国語辞典編集部編（二〇〇〇）『日本国語大辞典』（第二版、第一巻）小学館。

竹友安彦（一九八八）「メタ言語としての「甘え」」『思想』七六八号、岩波書店、一二二～一五五頁。

竹友安彦（一九九九）「「対人行動的甘え」と「精神内的甘え」――日常語「甘え」の延長にある精神分析述語

「甘え」の問題』北山修編『日本語臨床3――「甘え」について考える』星和書店、四七～六四頁。

土居健郎（一九六二）「甘え――日本人のパーソナリティ構造を理解するための鍵概念」『土居健郎選集2――「甘え」理論の展開』岩波書店、九～二三頁、二〇〇〇年。

土居健郎（一九六六）「うつ病の精神力学」『土居健郎選集1――精神病理の力学』岩波書店、一六八～一七九頁、二〇〇〇年。

土居健郎（一九七一）『「甘え」の構造』弘文堂。

土居健郎（一九七二）「「甘え」の発見」『「甘え」雑稿』弘文堂、一～二七頁、一九七五年。

土居健郎（一九七五）「『「甘え」の構造』補遺」『土居健郎選集2――「甘え」理論の展開』岩波書店、二〇〇〇年、七八～九六頁。

土居健郎（一九八一a）「「甘え」再考」『土居健郎選集2――「甘え」理論の展開』岩波書店、二〇〇〇年、一〇七～一一九頁。

土居健郎（一九八一b）「精神医学と言語」『日常語の精神医学』医学書院、一九九四年、二三〇～二四七頁。

土居健郎（一九八八）「「甘え」理論再考――竹友安彦氏の批判に答える」『土居健郎選集2――「甘え」理論の展開』岩波書店、二〇〇〇年、一二七～一五九頁。

土居健郎（一九八九）「「甘え」概念とその精神分析的意義」『「甘え」理論と精神分析療法』金剛出版、一九九七年、一一五～一二五頁。

土居健郎（一九九一）「日常語と専門語そして精神医学」『土居健郎選集6――心とことば』岩波書店、二〇〇〇年、一五一～一六五頁。

土居健郎（一九九七）「聖書と「甘え」」『土居健郎選集2――「甘え」理論の展開』岩波書店、二〇〇〇年、二四三～二七四頁。

土居健郎（二〇〇一）『続「甘え」の構造』弘文堂。

長山恵一（一九九七）「「甘え」現象の基本的構成と特性に関する考察――甘え理論（土居健郎）の明確化を通して」『精神神経学雑誌』九九（七）、四四三～四八五頁。

長山恵一（一九九九）「「甘え」概念の相対化を求めて――土居健郎氏の討論を読んで」『精神神経学雑誌』一〇一（一）、五一～五九頁。

第2章

自律と他律のあいだで

■「甘え」理論における能動性の問題

関根宏朗

はじめに

あるひとが他のあるひとに対し自律的に育ってほしいと願うとき、どのように接していくことが理に適っているのだろうか。「自分の頭で考えなさい！」と上から言いつけても、きっと何もはじまらない。それどころか、「こうしなさい」「ああしなさい」と何らか指示を下せば、それだけ各人のオリジナリティは阻害され、自律・自立どころではなくなってしまう。教育者が教えれば教えるほど、被教育者は知識や規範あるいはそれらの活用の仕方を身につけはするかもしれないが、同時にその他律的な「教育」行為が「成功」した分だけ所与の自然に型をはめることとなる。任意のふるまいやふるまい方を教授することは、学習者の独自性を制約し、ひいてはその自律性から距離を生じせしめてしまうことにつながりうる……。

カントによる問題提起以来もはや伝統的ともいえるこの自律と他律のパラドクスについて(1)、本章は、精神科医の土居健郎によって学問的に提起された「甘え」概念を鍵とした若干の考察を試みる。自律と他律のいわばあいだにあるかのような「甘え」の概念的位置を再検討することで、当概念の教育学的な可能性をあらためて示すとともに、可能性としてのオルタナティブな「教育」的かかわりあいの一つのかたちを示唆したい。

1 「甘え」という概念のあいまいさ

「甘え」概念の教育学的可能性を問題化するにあたって、まずなによりも「甘え」という概念が一つのたしかな意味の基盤を持った学術的概念として成立していなければならない。すなわち、その場その場で使われ方が大きく変わったり、用いる人間によって意味が揺れ動いたりしている限り、それは学術的に生産性をもつ概念とはいえないだろう。さまざまな著作において土居が「定義」と称して行う意味づけの数々には、具体的な例証や比喩ではあっても、決して定義とはいえない側面がある。実際、こうした「甘え」概念のあいまいさ、とりとめのなさについての指摘は、これまでさまざまな論者によりなされている(小此木 一九六八、内藤 二〇〇二等)。よく知られた『思想』誌上での竹友安彦との論争も(竹友 一九八八、土居 一九八八、竹友 一九八九)、日本精神分析学会第一三回総会における「甘え」概念をめぐってのシンポジウムも(西園他 一九六八)、土居のもっとも最近の(そして最後の)論争である長山恵一とのあいだの『精神神経学雑誌』誌上における四度の論戦も（長山 一九九八、土居 一九九八、長山 一九九九、土居 一九九九）、その一番の主題は、あまりに抽象的に過ぎる「甘え」概念の現象的な意味づけをめぐってのものだった。

それでは、当概念の本来的な豊かさを損なうことなくそのあいまいさを縮減させるにはどうすれば良いか。現在この問いに対して二つのアプローチの方向性が確認できる。一つは直接的に「甘え」概念の精緻化を行う志向性。具体的には論理を駆使した純粋理論的な方法（竹友 一九八九、木村 一九七二など）、当該語が使用されうる場面に実際に即した現象記述的方法（荻野 一九六八）、量的なデータにもとづいた心理学的――この場合実証的――な方法（谷 一九九九、稲垣 二〇〇七、神谷他 二〇一二）(2)、さらには法や精神症例といった専門的見地から海外の類似概念との対照を行った比較理論的方法（森田 二〇一二、小林 二〇一二）などを数えることができるだろう。そして二つめに「甘え」概念の役割を制限し、それを禁欲的に展開するという志向性。後者については、以下の先行する指摘にしたがって補足することが可能である。法学者の川島武宜は、大塚久雄と土居との鼎談において、「甘え」概念のもつ過度の抽象性を鋭く指摘しながら、「研究対象を限定し、特定する」ために用いるものとして「甘え」は用いられるべきものであって、「限定し特定された研究対象を分析するために使う」ものとしては混乱しているると、その整理を図る（大塚他 一九七六）(3)。フロイトの用いた「無意識」の概念のごとく、その意味は多分に広がりすぎてしまうこともあるけれども、新たな問題（圏）を焙り出すための道具としてはきわめて有用であるとの見立てである。

本章においては、「甘え」概念が本来その豊かさの背面にもっている学術的なあいまいさゆえに議論が錯綜してしまうことを避けるため、この後者の視座に立ちながら考察を行う。保育学分野における乳幼児の「愛着」研究の豊かさに比して、これまで教育学において「甘え」という切り口をもって積極的にその適応や概念的可能性を省みる理論的考察は決して多くはなかったし、仮にあっても「［教育界においては］もっとみんなが甘えや気どりや、ごまかしを捨てるべきだ」といったように（斎藤 一九九〇）、ともするとその言葉自体が否定的なニュアンスで見られることもあった。もっとも教育学分野以外でも「甘え」一般に否定的な目を向ける論調は根強く存在する。たとえば人材派遣会社ザ・アール社長で日本郵政公社取締役の奥谷禮子は、いわゆる自己責任論に即しつつ、「格差論は甘えです」とまで言ってのけた（山川他 二〇〇六：三二）。奥谷ほど極端ではなくても、同様の視座は現在、新自由主義・新保守主義にも癒合しながら広く人口に膾炙するところであるといえよう。本章ではあらためてそうした否定性の背面にある有用性についても注目し、その教育（学）的可能性について考えてみたい。

なお念のため一つ付言しておくと、本章は教育空間を「甘え」に満ちた関係性にするべきだなどという当為論的な主張を手放しで示したいわけではない。もとより土居自身「甘えは意識するにせよしないにせよ、本来誰しも持っているものであるとするならば、それをいいとか悪いとかいっても始まらないことになるのではないか」と述べているように（土居 一九八七：一八二）、当概念について価値論的な判断を下してはいない。ただあえて言えば、「本来誰しも持っているものである」はずの人間の自然な感情発露が、もしある教育の場において継続的に過度な不足を示しているとすれば、そこにある種の不自然性があるのではないかという前提を経験的においているということについては白状しなければならない。

2　「甘え」における能動性の位置
――はたして我々は自ずから「甘え」ることはできるのか

「甘え」とは何か。もっとも最近では「「甘え」の最も簡単な定義として、人間関係において相手の好意をあてにして振舞うことであると言っておこう。ただし自意識なしに自然に行われること」（土居二〇〇一：六五）と土居はその意味づけを行っている。ところで、広義の教育行為一般には「意図的組織的な社会化」（デュルケーム）という側面が存在する以上、そこには教育者のさらには被教育者の能動性が前提されているといえよう。いささか乱暴に言えば、教育者による任意の働きかけとそれに対する被教育者の応答可能性への信頼にもとづきながら、さまざまな教育的タクトは思考・志向されている。けれども土居の言う「甘え」は、さまざまな教育的行為のように、教育者によって能動的に計画されたり、学習者によってやはり能動的に展開されたりすることは、どうやら難しそうである。というのも土居によれば「甘え」はさしあたり、受身的な行為の範疇に整理されるのだから。たとえば『「甘え」の構造』における次の言明。

たまたま一九五九年のある日のこと、私はマイケル・バリントの「最初の愛と精神分析技法」という本を手にした。そしてそれを読むうちに、著者が「受身的対象愛」といういかめしい用語で表現しようとしているものが、まさに甘えに他ならないことを知って、驚きもしかつ嬉しく思った（土居一九七一：一四）。

それは「自意識なしに自然に行われる」、あくまで「受身的」な行為として説明されている(4)。さしあたり上記の土居の線引きに従えば、「よし、今日は妻に甘えるぞ！」といって甘えることは、ここでいう精神分析的「甘え」概念には該当しないことになる。

だから土居は理論レベルにおいても、自分の努力で他者の愛を勝ち取ろうとするいわゆる自己実現論一般に対して否定的な目を向ける。たとえば自己実現論の主唱者のひとりエーリッヒ・フロムについては、「彼［フロム］は愛する能力についてのみ論じ、愛される能力については語らない。フロムの立場は、求める愛を軽視し、与える愛を讃えるという現代の傾向を示す例となっている」と批判を加えている（土居二〇〇〇：二九二）(5)。

だが本当にそのように言えるのか。「与える愛」が相手からの「与える愛」を誘発するのと同様に、自己の「甘え」が他者からの「甘え」との共同作業的側面をもつこともあるのではないか。前述の竹友安彦との論争はこうした疑問に一つの手がかりを与えてくれる。

土居の「甘え」概念は受動的な行為としての意味を強調するあまりその本質が見失われてしまっていないかと主張する竹友安彦は、「甘え」を主体・客体の相互了解のもとに「通常」のコンテクストの規律がいくぶん緩められる場に生起するもの、いうなれば言語の位相を包括する一つの「メタ言語」として意味づけなおす(6)。こうした指摘を自論への批判として捉えた土居は同じく『思想』誌上にて反論を試みるが、とくに本章における関心――「甘え」の能動性・受動性の問題に注目して見ると、その回答はいささか折衷的でもある。

「甘え」に相当する語が英語に見当らないといっても、「甘え」の意味するところが英語では表現できないというわけではない。例えば「甘える」は、to depend and presume upon another's love（相手の愛をあてにして、それによりかかる）と訳すことができる。するとこの点は、竹友氏が私の「甘え」の定義として選んだ「受身に愛されたい動機」が間違ってはいないことを示すように見える。すなわち「甘え」は相手によりかかることであるから、そこにたしかに受身の契機が含まれていると考えられるからである。にも拘らず「甘え」を単純に「受身」に愛されたい動機と等置することに私が躊躇を感じるのは、「甘える」という語が自動詞であることに関係がある。言い換えれば、「甘える」の中に「愛される」という受動態が入っているのは事実としても、この言葉が自動詞であるということは、そこにある種の積極性、言うなれば主体性が存在することを示唆している。例えば「子供が親に甘える」という場合を考えてみると、それは単に子供が親に愛されている状態を示しているのではない。ただ愛されていることを子供が楽しんでいることを示唆していると言わなければならないのである（土居 一九八八：一〇〇～一〇一）。

ここでの回答を見る限り、論争を経た土居の「甘え」概念は、単純に受動的なものとはいえない厚みをもっているように思える(7)。「ある種の積極性、言うなれば主体性が存在する」との再定義は、論敵の竹友もこれを同分野における「理論的前進のきざし」と評価するように（竹友 一九八九：一〇七）、

「甘え」がもはや単純な後付け的状況説明概念にはとどまらず「能動性」に付随する設計的視点をも含み持っていることを示唆している。それでは思考を進めて次の問い。われわれは能動的に「さあ甘えよう」といって甘えることは可能なのだろうか。ひるがえって、たとえば「甘える」ことを教育することは可能かという問いも考えることができる。卑近な例示を行うならば、たとえば教室のなか意固地になって自分の殻に閉じこもっている生徒が「甘える」ことを選択するとは思い難いが、一般的「教育」行為はそこにいかなる働きかけができるのか（あるいはできないのか）。また見知らぬ人との硬直した関係を、より円滑なコミュニケーションが生起しうる場へと崩していくには、いかなる働きかけが考えられるだろうか。次節では近年社会学やメディア論等で注目されつつある「アーキテクチャ」の視点を迂回的に援用しつつ、ひきつづきこの問題を考えてみたい。

3 「教育」的アーキテクチャの構築——教育空間論の方へ

しばしば言及されるように、メディア法学者のローレンス・レッシグは、人間をうちから規律化しコントロールする手段として「法」「市場」「規範」「アーキテクチャ」の四つに注目した(8)。所与の建築・環境としての「アーキテクチャ」が、「法」や「市場」など伝統的に注目されてきた他の唯物論的機制とともに、人間の行動や思考を深く規定している。この視点はとくにわが国の社会学分野等で注目されつつあるようであり、たとえば東浩紀と北田暁大によって編まれているトランスモダン系の雑誌『思想地図』において「アーキテクチャ」特集が組まれたり（東・北田編 二〇〇九）、そこに浅田彰や磯崎新らが参加して「アーキテクチャと思考の場所」というシンポジウムが行われたりしている(9)。

これは従来的な環境管理型権力への理解がそうであったように、その成員に統制を強いる環境設計に対して多分に疎外論的な告発を行うといった含意をもつものでは必ずしもないということは注目すべきポイントであるだろう。たとえば社会学者の鈴木謙介は新興衣料品メーカー「GAP」で採用されている「ほめる制度」――スタッフ同士で、業務において互いのいいところを見つけたときにカードをやり取りするという制度。昇給にも昇進にも関係なく、名誉を除いてはそれ自体意味をもたない――を引き合いに出して、「アーキテクチャ」のもたらしうる設計的な意義について強調を行っている(鈴木 二〇〇九)。

教育(学)分野においても、人間のもつ本能的なイリンクス(眩暈の体験)の希求行動に即して、子どもたちが思わず走り出してしまいたくなるような遊具設計を行った仙田満の「野中保育園」や「科学万博こども広場」(仙田 一九八七、一九九二、一九九八、二〇〇二等(10))、あえて「陰の部分」や「隅っこ」を校舎内外に配置した芦原太郎・北山恒による「白石第二小学校」や、象設計集団の「笠原小学校」など(佐藤・芦原・鮎川 二〇〇二)にこうした視点が確認できるが(11)、とりわけ教育哲学者の山名淳によって打ちだされている教育空間論は、前述の「アーキテクチャ」論と家族的な親和性を持っている。

山名はヘルマン・リーツによる「田園」型寄宿制学校についての重厚な研究のなかで、ゴフマンのアジール論にも依拠しながらその空間構造把握に関して以下のように強調を行っている。すなわち、「「全制的施設」内部を構造的に完結したものとして理解しようとするのではなく、「アジール」的な部分、すなわちその外部――内部に生じた外部も含めて――を想定しておくこと、そして外部の全容を解明しえないまでも、それとの関連をたえず念頭に入れて内部にまなざしを向けること」に対して注意が喚起されている（山名 二〇〇〇：二七八）。たしかに山名の注目する田園教育舎ハウビンダ校においては、「本当は」行ってはいけないことになっている居酒屋や密会するための暗い森がその空間内に巧みに配置され、また「開放的〈見通し性〉構造の死角」と呼ぶ空間上のアジールとともに、教育者側による一定の配慮――「死角に対する寛容」――も見られていた（山名 二〇〇三：二一七以下）。

上級生が小屋で七面鳥を焼いたとき、秘密の画策であったはずがあたり一面に香ばしい匂いが漂ってしまい、調理の禁止と肉食制限に対する〈侵犯〉が表沙汰になってしまったが、結局現場となったその小屋は、その後「七面鳥小屋（Puterhaus）」という愛称で呼ばれ、それどころか半ば公的な性格をもつハウビンダ校キャンパス地図においてもそのように記されていること。教育舎における真夜中の脱走のことを緊張感あふれる「冒険」として綴った生徒の手記が教育舎の雑誌に記載されていること。「節制万歳」と叫びながら酒樽の上に跨ってワインを嗜んでいるプリーフェクト（監視役の上級生）の様子をあらわした戯画が、生徒による自主発行の雑誌に記載され、さらにその後もこの雑誌は継続して教育舎側から発行許可を得ていること（山名 二〇〇〇：二七七以下）。

あえて教育空間や規律のなかに外部的なブラックボックスを設置することで、「ここまでならばやっていいだろうか」という問いのかたちで子どもの自律的な意思を介在させ、関係のもつ双方向的な豊かさに対して矛盾の少ない秩序づくりがここで目指されている。我々はここに、教育的「メディア」（今井康雄）に対する意図的な――つまりは狭い意味で「教育的」な――働きかけの可能性を見ることができるのではないか。もっと言えば、このようなあそびの部分を残した教育環境の設計は、本章冒頭であげた自律と他律をめぐるカント的パラドクスをある意味において乗り越えているのではないか。

ここで議論を「甘え」に戻そう。すでに確認したように土居によって提起された「甘え」概念は、あくまで受動的なものとしての定義とともに能動性に付随する設計的視点をも含み持ち、その意味でどうにも像を一つに定めづらいところがあるものであった。そのためたとえ適度の「甘え」が教育関係をときにスムーズにしうるものであったとしても、「さあ、甘えよう」とか「もっと甘えてね」といった直接的なかたちでそれを教育的指示の文脈に持ちこむことには大きな困難があった。けれども、自律と他律との間隙を縫うかのような前述の「アーキテクチャ」的視点を援用することで、こうした困難性を乗りこえて、新たな「甘え」の教育理論を実定的に構想することができはしないか。直接当人に働きかけるというよりも、その全体を取り巻く環境や制度への働きかけにより、そこにいる学習者が相対的に本能にしたがった環境への恭順行為へと踏み出しやすくするといった視点である。付言すると、土居自身の統合失調症に関する仕事においても、「甘え」の前提としての環境基盤設定へのこだわりはたしかに眼差されていたものであった（土居 一九七二：一～一八）(12)。

さて最後に、直接的な能動・受動の働きかけというかたちではなく「アーキテクチャ」的設計を介することで逆説的に「甘え」を誘発しえたケースを例示して考察を終えたい。

4　関係性の回路を組みかえる

湯浅誠はベストセラーにもなったその著書『反貧困』において、「反貧困たすけあいネットワーク」(13)という団体がおこなっているきわめてユニークな支援実践について紹介している。

〈たすけあいネット〉は労働組合の形式を取っており、組合員は毎月三〇〇円の組合費を支払うと、一日一〇〇〇円、一〇日分までの「休業たすけあい金」と、一万円の「生活たすけあい金」をそれぞれ年一回受け取ることができる（六ヶ月の組合費納入が前提）。組合費は収入や余力に応じて、月額三〇〇円、六〇〇円、九〇〇円と三〇〇円単位で選択でき、毎月六〇〇円を納めれば各二万円、九〇〇円なら各三万円を受け取ることができる（湯浅 二〇〇八：一五九）。

貧困層の労働者に助け合いのための基金として毎月わずかなお金を払ってもらうことで、失業時に経済的なサポートを補償する。反貧困ネットワークが行っているそうした保険的援助が、ここで説明されている。これは明らかに、効率的な利潤追求を目指した民間会社によって提供される保険商品とは質的に異なっている。なにより同組合の目的は、一人当たりひと月三〇〇円の保障料そのもので得られる収入よりも、困っている労働者がプライドを損なうことなく保障に「甘え」やすくさせることにこそある。貧困者たちに「もっと援助に甘えてくださ い！」ということは簡単だろうし、実際そのような声かけもなされているのだろう。だがそうした直接的な行為ではなく、そのハードの側面からきわめてスマートにその援助の効率的推進がここでねらわれている。

多くの人たちが、本当にどうにもならなくなるまで頑張ってしまい、その結果、本人からアクセスがあったときには問題がこじれすぎていたという事態になっている場合が少なくない。それは、一般に想像されているのとは違い、蔓延しているのが「自助努力の欠如」ではなく、「自助努力の過剰」であることを示している。〔……〕そのとき「支払っていたんだから受け取っていい」という心理的規制の働くことは、アクセスに当たってのハードルを大きく下げる。「たすけあい金」は、自分が支払い続けてきたことの結果としての受給の資格を得る。その仕組みは、「自助努力の過剰」に押しつぶされずに給付や相談のサービスにアクセスすることを可能にする（湯浅 二〇〇八：一六二〜一六三）(14)。

また教育環境に関していうならば、たとえば保健室という空間のユニークな役割を指摘できる。本来は学校内において生徒らの軽微な疾病に対応するため準備されたこの部屋が、通常の教室とは異質な雰囲気を発出し、しばしば規則的な登校を好まない生徒の受け皿になりえることを、私たちは日常的なレベルにおいて知っている。

あるいは教員にとっての喫煙所。タバコを吸うかどうかにかかわらず、そうした場所での何気ない会話が教員間の関係ネットワークを組みかえ、職員室とはまた一味違った意見交換や悩み相談の場となることもあるかもしれない(15)。

こうした環境設定を積極的に展開するべきかどうか一つに答えを定めることは、本章の射程を超えている——実際これらは良いことばかりではなく、かりに失業時にもらえる援助金ばかりを頼みとした生活スタイルを固めてしまったり、保健室に入り浸っていて毎日の授業が疎かになったり、暇さえあれば喫煙所にこもって職員室でのコミュニケーションをないがしろにしていたりしたら、それはかえって問題であるかもしれない。しかしいずれにせよ、以上の考察からあらためて次の二点を指摘することができる。第一に、これらの環境や制度機構はその適切な程度において関係性としての「甘え」がスムーズに生じうるような足場をたしかに構築しているということ。そして第二に、そうした環境・機構設定においては意図的な人為介入の余地が残されているということである——すこし直接的に言えば、たとえば保健室的相談スペース等を校舎の各階に配置することは設計的に実現可能である。

行為の直接的効果への期待をクールに捨象しながら、参加者自身が当該機構から自身の問題として情況を掬い取り組み立てていけるように、一歩引いたところから仕掛けを設《しつら》える。そのときこちらの意図的な働きかけは、参加者一人ひとりの「自由」な思考と同居可能となる。概念的豊かさの背面に複雑性をもった「甘え」は、何よりもその複雑性ゆえに、関係のなかでそれを直接的に希求するといった「古典的」方法にはそぐわない。そうではなくてむしろ、「アーキテクチャ」を介して関係性の回路を組みかえる地平において、教育に「甘え」をもちこむことの肯定的・否定的な可能性をはじめて問うことが可能になってくるのではないだろうか。

【註】

1　この問題については本書第Ⅱ部を参照のこと。

2　記述票による実証的調査により、稲垣（二〇〇七）は「屈折的甘え」「配慮の要求」「許容への過度の期待」に、谷は「直接的甘え」「屈折的甘え」「とらわれ」に、それぞれ「甘え」概念の分節化を図っている。また神谷ら（二〇一三）は大学生を対象に、「甘え」が過敏型自己愛と密接に関係していることを統計的に明らかにしている。

3　上述の内藤も、この川島の提出した論点に全面的に賛意を示している。また土居の弟子を自認する熊倉伸弘も、同様の趣旨で「甘え」概念の持っている脆弱性と隣り合わせの豊かな可能性を強調している（熊倉　一九九〇：二七〇～二八二）。

4　すでに土居の「甘え」とバリントの「受身的対象愛（passive object love）」とが同一線上に考えられていたという事実に注意を払っている仕事に、小此木（一九八五）や稲垣（二〇〇五）、神谷他（二〇一二）などがある。

　ちなみに良く知られているように土居はその仕事において、日本文化が相手への受動的依存を一つの紐帯として構成されていることの強調を行っている（土居　一九七一：六〇～六八、八三～九四など）。また将来を予測し能動的にコントロールしようとする現代文明の限界性についても同じく示唆を行っているが（土居　一九八五：一六九～一七七）、これらについては詳述を措く。

5　フロムにたいする土居の不満の傾向性については、政治学者の岡崎晴輝がすでに整理を行っている（二〇〇四：一七四～一七五）。

6　竹友以外にも、精神科医の木村敏が、やはり「甘え」を個人の行為ではなく間主観的なものではないかとして土居に対するコメントを提出している（木村　一九七二：一四七～一六六）。

7　同様に土居は「甘え」概念に「直結」する動詞として“take for granted”の語に目を向けてもいるが（土居二〇〇〇：九九、cf. 森田 二〇一二：一二五〜一二七）、なるほどたしかにこの「当てにする」という行為も自動詞である。

8　レッシグは現在、ハーバード大学法学部教授。なお同書はウィキペディア方式でネット上において読者らによる自由な改訂に晒されたあと、『CODE Ver.2』として版を改めている（Lessing 1999＝二〇〇一）。

9　二〇〇九年一月二八日、東京工業大学において。再録されたものに、浅田彰・東浩紀・磯崎新ほか（二〇〇九）。もっともここで浅田彰がフーコー＝ドゥルーズ的な環境把握の焼き直しとして「あまり新しさを感じなかった」（浅田・東・磯崎他 二〇〇九：三七）と吐露しているのも興味深い。

10　仙田はこれらの設計においてたとえばイリンクスが惹起されうるような仕掛けをそこに盛り込んだり、自然と駆け出したくなるような傾斜構造を配置したりといった作為を行っている。そうした子どもの「自発的」な遊びが相対的に生起しやすくなるような環境のつくりを仙田は「遊環構造」と名づけ、その教育学的な可能性を展望している。

11　なお、この芦原らとの談話のなかで教育学者の佐藤学は以下のように意見を述べ、場の賛意を得ている。「いまの学校はどこもかしこも均一に明るく元気に、ということでつくられているんだけれども、一年中、明るく元気な子どもなんて、ほとんど病気だと思うんですね。子どもだって、人間だから落ち込むこともあれば、ひとりになりたいこともある。子どもには陰の部分が必要なんです。子どもの動きを見ていると、小学生でも隅っこが好きです。だから、体育館の裏のように薄気味悪い、のっぺらとした陰ではなく、いろいろなもののなかに囲まれているような、たくさんの隅っこが用意してあるほうがいいと思うんです」（佐藤他 二〇〇二：一三五）。

12　自身が中心的な編者の一人として関わった東京大学出版会『分裂病の精神病理』シリーズの第一巻所収の

論文において土居は、「近代の科学の目指すところは秘密と見えるもののヴェールをはいで、その真相を明らかにすることにあった」というウェーバー的な見通しのもとに、統合失調症患者のこころの深奥にすべて光をあてるのではなく、周囲の者はあえてそこに患者本人にとっての「秘密」が保全されうるような態度において接するべきと指摘している。

「性急に、また公式的に、患者にその状態を説明して聞かせることは謹まねばならない。例えば不用意に、「あなたは自分の秘密が洩れているように感ずるのだろう。」とか、「あなたは煙幕をはっているのですね。」といったところで、ふつう何にもならないし、時には有害でさえあるかもしれない。〔……〕要は説明することではなく、理解することである。裸の魂を包むようにすることである。患者が安心して自分の秘密を持てるような情況をまず作りだしてやることである」（土居 一九七二：一二）。

13 湯浅氏と、首都圏青年ユニオンの書記長である川添誠氏とによって呼びかけが行われて二〇〇七年に組織された、労働者の「たすけあい」を主目的とした制度団体。

14 二〇一一年三月一一日の東日本大震災におけるボランティア活動のなかでも同様の配慮が必要とされているのかもしれない。震災後、個人ブログ等を通して示された「被災者の本音」がインターネット上でたびたび取り上げられひろく話題となったが、そうしたなかに次のような意見が見られた。以下、抜粋する。

「俺、一人で逃げてきたわけ。誰も助けなかった。おばちゃんとか、何人も追い抜いて逃げた。重そうなものを持ってる人とかもいたのに。もう一〇〇万回くらい、一〇〇通りくらい後悔している。そんな俺たちがさ、避難所で、CMでアイドルや俳優を見てさ、「一緒だよ、一人じゃない」とか言われるたびに、ああ、あの〔直接被災していない〕世界は自分たちとは、もう全然違ってしまったんだと思う。家がある人の意見だなーと。そんなCMとかして充実もしてんだろうなーと。募金は嬉しいよ。で、ボランティアじゃなくて、ビジネスで、仕事として、町を復興に来てくれた方が、こっちも気兼ねなく色々頼めて気が楽。正直、ボランティアに「ありがとう」とか言うのも苦痛」(yoshio 二〇一一、傍線部強調は筆者による)。

ここには自然災害に対する深い絶望のなかにあって、しかし決して軽視しえない人間としてのたしかな自尊心が、非常に率直なかたちで示されているのではないか。

15 進行中のパフォーマンスが「中断」を契機として批判的に捉えかえされることの意義については、小玉(二〇〇九)を参照。なおアファーマティブな遂行中断性を理論的に深化させている現代ドイツの思想家ハーマッハーが、「自律は自らの成立を他者に負っている点で他律であり、そのかぎりにおいてのみ自らに法則性を与える自律である」との解釈から従来の意味におけるカント的「自律」を「他自律」(Heterautonomien)の名で呼びかえているという事実は、本章の論旨に即してみても示唆に富む(Hamacher 2008=二〇〇七)。

【文献表】

Hamacher, Werner (2008) *Heterautonomien: One 2 Many Multiculturalisms*, Zürich, Diaphanes Verlag. = (二〇〇七)『他自律――多文化主義批判のために』増田靖彦訳、月曜社。

Lessig, Lawrence (1999) *Code: And Other Laws of Cyberspace*, New York, Basic Books. = (二〇〇一)『CODE――インターネットの合法・違法・プライバシー』山形浩生ほか訳、翔泳社。

*

浅田彰・東浩紀・磯崎新他(二〇〇九)「アーキテクチャと思考の場所」東浩紀・北田暁大編『思想地図』第三巻、日本放送出版協会、一二~七五頁。

東浩紀・北田暁大編(二〇〇九)『思想地図』第三巻、日本放送出版協会。

稲垣実果(二〇〇五)「自己愛的甘えに関する理論的考察」『神戸大学発達科学部研究紀要』第一三巻第一号、一

〜一〇頁。

稲垣実果（二〇〇七）「自己愛的甘え尺度の作成に関する研究」『パーソナリティ研究』第一六巻第一号、一三〜二三頁。

大塚久雄・川島武宜・土居健郎（一九七六）『「甘え」と社会科学』弘文堂。

岡崎晴輝（二〇〇四）『与え合いのデモクラシー――ホネットからフロムへ』勁草書房。

小此木啓吾（一九六八）「甘え理論（土居）の主体的背景と理論構成上の問題点」『精神分析研究』第一四巻第三号、一四〜一九頁。

小此木啓吾（一九八五）『現代精神分析の基礎理論』弘文堂。

荻野恒一（一九六八）「甘え理論（土居）をめぐって」『精神分析研究』第一四巻第三号、五〜九頁。

木村敏（一九七二）『人と人との間』弘文堂。

熊倉伸宏（一九九〇）「「甘え」理論の視点から」小川捷之ほか編『臨床心理学大系　第二巻パーソナリティ』金子書房、二七〇〜二八二頁。

神谷真由美・上地雄一朗・岡本祐子（二〇一二）「大学生の自己愛的甘えと誇大型・過敏型自己愛傾向との関連」『広島大学心理学研究』第一二巻、一一七〜一三六頁。

小玉重夫（二〇〇九）「教育改革における遂行性と遂行中断性――新しい教育政治学の条件」『教育学研究』第七六巻第四号、四一二〜四二三頁。

小林隆児（二〇一二）「「甘え」（土居）と"vitality affects"（Stern）――「甘え」理論はなぜ批判や誤解を生みやすいか」『精神分析研究』第五六巻第二号、一三四〜一四四頁。

斎藤喜博（一九九〇〔初出不明〕）「教師の甘え」『一つの教師論』国土社、一六〜二〇頁。

佐藤学・芦原太郎・鮎川進（二〇〇二）「装置としての学校」佐藤学『身体のダイアローグ』太郎次郎社、一二七〜一五四頁。

鈴木謙介（二〇〇九）「設計される意欲」東浩紀・北田暁大編『思想地図』第三巻、日本放送出版会、一一〇〜一三五頁。

仙田満（一九八七）『あそび環境のデザイン』鹿島出版社。

仙田満（一九九二）『子どもとあそび』岩波新書。

仙田満（一九九八）『こどものための遊び空間』市ヶ谷出版社。

仙田満（二〇〇二）『環境デザインの展開』鹿島出版会。

竹友安彦（一九八八）「メタ言語としての「甘え」」『思想』第七五八号、一二二〜一五五頁。

竹友安彦（一九八九）「「甘え」をめぐる一つの対決と、そのメタ言語的考察――土居健郎氏に答える」『思想』第七七九号、岩波書店、一〇〇〜一二四頁。

谷冬彦（一九九九）「青年期における『甘え』の構造」『相模女子大学紀要』第六三号、一〜八頁。

土居健郎（一九七一）『「甘え」の構造』弘文堂。

土居健郎（一九七二）「分裂病と秘密」土居健郎編『分裂病の精神病理1』東京大学出版会、一〜一八頁。

土居健郎（一九八五）『表と裏』弘文堂。

土居健郎（一九八七）「〝甘え〟の構造」補遺」『「甘え」雑稿』弘文堂。

土居健郎（一九八八）「「甘え」理論再考――竹友安彦氏の批判に答える」『思想』第七七一号、岩波書店、九九〜一一八頁。

土居健郎（一九九八）「「甘え」概念の明確化を求めて――長山恵一氏の反論に応える」『精神神経学雑誌』第一〇〇巻第五号、三二一〜三三〇頁。

土居健郎（一九九九）「「甘え」概念再説――長山恵一氏の反論に寄せて」『精神神経学雑誌』第一〇一巻第一一

号、九七一～九七二頁。

土居健郎（二〇〇〇）『土居健郎選集２「甘え」理論の展開』岩波書店。

土居健郎（二〇〇一）『続「甘え」の構造』弘文堂。

内藤朝雄（二〇〇二）「ドメスティック・バイオレンス」畠中宗一編『自立と甘えの社会学』世界思想社、一〇一～一一八頁。

長山恵一（一九九八）「「甘え」概念の基本的構成と特性に関する考察――甘え理論（土居健郎）の明確化を通して」『精神神経学雑誌』第九九巻第七号、四四三～四八五頁。

長山恵一（一九九九）「「甘え」概念の相対化を求めて――土居健郎氏の討論を読んで」『精神神経学雑誌』第一〇一巻第一号、五一～五九頁。

西園昌久他（一九六八）「甘え理論（土居）をめぐって」『精神分析研究』第一四号、日本精神分析学会、二一～二三頁。

森田明（二〇一二）「「甘え」とBelonging――日本の心性とアメリカにおけるBelongingの衰退との出会い」『東洋法学』第五五巻第三号、一一三～一二九頁。

山川龍雄他（二〇〇六）「格差の世紀」『日経ビジネス』第一三四九号、日経BP社、二六～四一頁。

山名淳（二〇〇〇）『ドイツ田園教育舎研究』風間書房。

山名淳（二〇〇三）「学校空間の教育哲学」小笠原道雄編『教育の哲学』放送大学教育振興会、一九五～二一〇頁。

湯浅誠（二〇〇八）『反貧困――すべり台社会からの脱出』岩波書店。

yoshio（二〇一一）「被災者の本音がブログに投稿される」Livedoor News 二〇一一年四月八日付〈http://n.m.livedoor.com/a/d/5475380/2〉、最終アクセス二〇一四年九月七日。

第3章

「甘え」理論と西田哲学

■「甘え」の両義性と母子関係へのまなざし

櫻井　歓

はじめに

〈家庭より〉自主的におトイレ行ったり、甘えてごはん食べさせてと言ったり……

〈保育園より〉「だって甘えたいんだもん。子どもは甘えるものでしょう」と言っていましたよ。

（二〇〇九年八月、長男〈当時三歳〉の保育園の連絡帳より）

「甘え」という言葉は、子育てや保育、教育の日常的な場面で子どもの言動を見立てる際に、最もなじみの深い言葉の一つである。はじめに挙げた保育園の連絡帳の記事でも、家庭での様子を母親が「甘え」とみて報告しているのみならず、子ども自身が自らの態度を「甘え」としてふり返っていることを保育士が伝えている。

しかし、「甘え」という言葉は、迷いつつ悩みつつ子育てを続ける親たちを絶えず不安に駆り立てる言葉でもある。「親が甘やかしたから子どもが自立できなくなった」とか、「甘え足りなかったから子どもが情緒不安定になった」といったように、子育ての失敗や子どもの発達の病理を「甘え」によって説明する言説が頭をよぎるのだ。「甘え」がネガティヴにもポジティヴにも語られる今日、「甘え」の過剰と「甘え」の不足という二つの陥穽の間で、子育ての当事者たちは不安のうちにある。

こうした不安に応えるかのように、親や教師をターゲットとする雑誌では、「甘える子・甘えない子」（深谷編 二〇一〇）、あるいは「たっぷり「甘えさせる」すると、子どもは自立します」（木村編 二〇一二）といったタイトルの特集が組まれている。

精神医学者・土居健郎のいわゆる「甘え」理論の功績は、日本語の日常語であるこの言葉を一つの概念として掬い上げた点にある。土居の「甘え」理論は、精神分析・日本人論・文学論など多様なコンテクストから読むことができるものだが、本章では、「甘え」理論のテクストを、人間形成論というコンテクストにおいて読む試みの一つとして、西田哲学との比較検討を行う。近代日本の哲学者・西田幾多郎（一八七〇〜一九四五）の哲学と土居の「甘え」理論とを結びつけることは、いかにも唐突に見えるかも知れない。だが、土居は『「甘え」の構造』（一九七一）のなかで日本的思惟の一例として西田哲学に注目し、おおむね次のように批判している。すなわち、主客未分の純粋経験を重視する西田哲学などが依拠する日本的体験の本質は幼児期にあるが、今後はむしろ主客未分ではなく「主客の発見」つまり「他者の発見」によって「甘えを超克」することに目標をおかねばならないというのだ（土居 一九七一：九二〜九四）。

土居が批判的に受け止めた西田哲学との比較検討を通じて「甘え」理論の性格を浮かび上がらせること、本章の目的はこの点にある。この作業はまた、「甘え」理論と日本思想との関わり方の一例を分析することでもある。本章を通じて、西洋との対比で日本的なものと捉えられる「甘え」に対する土居の両義的な評価を示したうえで、〈依存と自立〉という対立図式のもと個人の自立をめざす「甘え」理論が母子関係批判の論調を帯びたのに対し、西田哲学にはむしろ個の成立根拠へと遡源しようとする志向があり、〈依存と自立〉の図式そのものを相対化する契機が含まれていることを明らかにしたい。

1　「甘え」概念の再構成——二つの二重性

土居の「甘え」概念には、いわば二つの意味での二重性がある。一つは〈「甘え」の語の特異性〉と〈「甘え」概念の普遍性〉というべき二重性、いま一つは、〈肯定されるべき「甘え」〉と〈克服されるべき「甘え」〉という価値づけの二重性である。本節では、これらの二重性に着目しながら「甘え」概念を再構成していきたい。

1　「甘え」の特異性と普遍性

第一に、〈「甘え」の語の特異性〉と〈「甘え」概念の普遍性〉というべき二重性である。それは、「「甘え」の語そのものは日本語に特有である。しかし「甘え」の語に含まれる概念は普遍的」（土居　二〇〇一a：一二一二）であるといった主張によく表れている(1)。

『「甘え」の構造』第一章では、土居が「甘え」の着想を得るに至った経緯が一人称的経験として語られているが、そこでは早い段階からこの二重性が意識されていたことがうかがえる。例えば、恐怖症に悩むある女性患者の母親（日本生まれの日本語の達者なイギリス婦人。患者の父親は日本人）から、患者の生い立ちのことなどを土居が聞いていた折のこと。話が患者の幼年時代に及んだとき、それまで彼女は英語で話していたのに急にはっきりとした日本語で「この子はあまり甘えませんでした」と述べ、すぐにまた英語に切りかえて話を続けた。話が一段落してから、土居は彼女に、さっきなぜ「この子はあまり甘えませんでした」ということだけ日本語で言ったのかと訊ねたところ、彼女はしばし考えてから、「これは英語ではいえません」と答えたという。このエピソードのなかで土居は、「甘えの語の特異性と、同時にその語が表現する現象の普遍的意味」を看て取っている（土居 一九七一：一二）。

言葉としては日本語に特異だが、概念としては普遍的である。このように捉えられた「甘え」を土居が精神分析理論のうちに位置づけたことは、二つの重要なことを意味する。

第一に、これにより「甘え」は日本語の特殊な一単語ではなく、精神分析理論の「中心的概念」として普遍化されたことである。『精神分析と精神病理』（一九六五）の「序論」には次のように書かれている。「「甘え」概念は本来の精神分析理論にとって外からの借り物ではなくなった。それは、従来精神分析に馴染みにくいとされている日本の精神的風土の中で生れたよそ物の概念ではなく、精神分析を理解するための中心的概念となったのである」（土居 一九六五：ix）(2)。土居にあって、「甘え」概念の精神分析理論への位置づけは、日本語の特殊性を脱して学問的に普遍化することであるとともに、精神分析の日本への土着化という意味を持つものでもあった。

注目すべき第二の点は、言葉の特異性と概念の普遍性との二重性を媒介するものが、「甘え」の心理的原型とされる発達初期の母子関係に求められる点である。「実際「甘え」が、その元来の使用法が暗示するごとく、幼児の母親に対する感情を意味するとするならば、それが日本人にだけ存在するなどということがあろうはずはない」（土居 一九六五：viii）。こうした捉え方は『「甘え」の構造』にみる次の概念規定に接続している。すなわち、「甘えの心理的原型は母子関係における乳児の心理に存する」のであり、「甘えとは、乳児の精神がある程度発達して、母親が自分とは別の存在であることを知覚した後に、その母親を求めることを指していう言葉である」（土居 一九七一：八〇～八一）。

「甘え」を乳児期の母子関係に基礎づけることは当然ではないか、と思われるかも知れない。たしかに、土居も注目するように、すでに一七世紀初頭、『日葡辞書』（一六〇三）の「甘え」の項には「子どもが親に情をこめたしぐさをしたり、やさしい言葉を使ったりする」（土井他編・訳 一九八〇：一二三）(3)との意味が載っており、子どもの親に対する愛情のこもった言動に「甘え」をみることは、日本語の「甘え」の理解として妥当なものであろう。しかし、土居が「甘え」を精神分析理論に位置づけたことは、一つの重要な態度決定であった。これにより「甘え」が乳児期の母子関係に基礎を置く発達論的構図のもとに置かれることとなったからである(4)。

2 「甘え」の価値づけの二重性

「甘え」を特徴づける二重性として第二に注目したいのは、いわば〈肯定されるべき「甘え」〉と〈克

ネガティヴな価値とのいずれをも担う両義性をもつ言葉として語られており、このことが「甘え」概念の捉え難さの一因となっている。

土居によれば、「甘え」は母子関係の成立に不可欠であり、成人後も新たに人間関係が結ばれる際にはその端緒において「甘え」が発動しているとされ、「甘えは人間の健康な精神生活に欠くべからざる役割を果している」という（土居 一九七一：八二～八三）。しかし、「甘え」が満足させられるかどうかは相手次第であり、「不安定で傷つきやすいから、甘える心はたやすく恨みに変ってしまう」、つまり「甘え」は「アンビヴァレンス（両価性）」＝屈折した心理を内蔵している。「甘え」が「よくもあり悪くもある」とされる所以である（土居 一九八七：三五～三六）。いわば「甘える」ことは、他者に対して傷つきやすい立場に身を置くこと、つまりヴァルネラビリティ（vulnerability）を負うことである。他者に弱さをさらす傷つきやすさをもつがゆえに、満たされない「甘え」は容易に恨みに転じる。そうした不安定さをもつと考えられるのだ。

土居は「甘え」の価値的な両義性を例えば次のように表現する。「甘えには健康で素直な甘えと自己愛的で屈折した甘えがある。前者は相手との相互的な信頼を軸にした甘えであるが、後者は一方的な要求の形をとった甘えである」（土居 二〇〇一a：一〇九）。

「甘え」それ自体このようにアンビヴァレントな性格をもつものとされるが、それが社会批評的な文脈で語られるとき、「甘え」の評価は、土居自身の西洋に対するアンビヴァレンスを如実に映し出すものとなった。

土居において、一方では、個人の自立と自由、優れた意味での理性への信仰といった西洋的理念が積極的に受容されていた。例えば、論文「精神分析と日本的性格」(一九六九)では次のように書かれている。「精神分析療法において、そこで起ることを煎じつめていえば、それはおそらく、患者を真に自立させ自由にするために、分析医が抱いている理性に対する本物の信仰が分ち与えられることである」(土居 一九七五:一六六〜一六七)。

個人の自立と自由を積極的価値として受け止める立場からは、「甘え」に浸透され個人の自由やパブリックの精神の乏しい日本的な集団構造は批判の対象とならざるをえない。『「甘え」の構造』では、日本人にとって内と外の生活空間は三つの同心円構造をとるものとされている。すなわち、「甘えが自然に発生する親子の間柄は人情の世界、甘えを持ちこむことが許される関係は義理の世界、人情も義理も及ばない無縁の世界は他人の住むところである」。しかし、こうした人間関係は、「集団から独立した個人の自由が確立されていないばかりでなく、個人や個々の集団を超越するパブリックの精神も至って乏しい」と評されるのである(土居 一九七一:三五〜三六、四一)(5)。「甘え」の超克が課題とされる所以である。

しかし同時に、土居には西洋自体がすでに行き詰まりを露呈したものと見えており、西洋的な個人の自由に対する評価は極めてアンビヴァレントである。彼は「すぐれて近代西洋の信仰である個人の自由は、果して信ずるに価するものか、それともこれは一部の西洋人だけが抱いた幻想に過ぎないのか」との懐疑を示し、「西洋でも自由は信仰の世界の外には存在しなかった」と自答している。それに対して「甘え」の心理に生きていた日本人の経験は疾くに自由の心理的不可能性を教えていたという(土居 一九七一：一〇六〜一〇八）。こうした西洋的ヒューマニズムへの批判は、後年にはその論調を強めていった。『続「甘え」の構造』（二〇〇一）では、「問題は西洋近代における人間固有の自律性の強調がキリスト教信仰の衰退と反比例して起きたと考えられる点である」とされ、「現代人の不幸は聖とするものがなくなっていることではないか。ヒューマニズムがすべてであり、それを超えるものが何一つとしてない」という（土居 二〇〇一ａ：二一八、二三七）。こうした評価の前提には「甘え」の普遍性と西洋的自立（自律）の困難さへの認識がある。

このように土居においては西洋に対するアンビヴァレントな態度が共存しており、このことが「甘え」概念の性格を一見複雑なものにしているのである。

2 「甘え」と「純粋経験」

本節では土居による西田哲学批判を検討する。土居の批判は〈日本的思惟と西洋的思惟〉の対立図式のもと前者に位置づけられる「甘え」へのネガティヴな評価と重なっている。

1 土居の西田哲学批判が示す二項図式

土居は『「甘え」の構造』のなかで一箇所だけ、西田哲学に次のように言及している。

戦前一世を風靡した西田哲学が、主客未分の純粋経験を重んじるということで、明らかに禅の影響を受けていることは面白い。西田は明らかに自分の哲学が、西洋哲学の伝統に触発されながら日本的体験に根ざしていることについて、固い確信を持っていたからである。／ところで以上あげたような日本的体験の本質が幼児期にあるという反省は、〔……〕敗戦の衝撃によってこれまで日本の社会を結びつけていた道徳観念の権威が傷つけられることによって初めて可能となったように思われる。〔……〕しかし今後われわれは、日本精神の純粋さを誇ってばかりはいられないであろう。われわれはむしろこれから甘えを超克することにこそその目標をおかねばならぬのではなかろうか。それも禅的に主客未分の世界に回帰することによってではなく、むしろ主客の発見、いいかえれば他者の発見によって甘えを超克せねばならないと考えられるのである（土居 一九七一：九二〜九四）(6)。

土居は「甘えと日本的思惟」について論じるなかで西田に言及し、「主客未分」の純粋経験を重視する西田哲学などが依拠する日本的体験の本質は幼児期にあるが、今後はむしろ「主客の発見」つまり「他者の発見」により「甘えを超克」することに目標をおかねばならないという。「甘え」が明確にネガティヴに価値づけられるこの部分では、「主客未分」と「主客の発見」（あるいは「他者の発見」）とを対置する二項図式がはっきりと認められ、後者が「甘え」の超克という課題に位置づけられている。

土居の場合、この二項対立図式は日本的思惟と西洋的思惟との対立に重なるものとして把握されている。『精神分析と精神病理』の「序論」には次の記述がある。

「甘え」とはまさに主客合一を願う心に他ならない〔……〕。／すなわち日本的思惟の特徴は主客の分裂を否定することに、もっと心理学的次元で論ずれば、分離の痛みを止揚し分離の事実を否定することに存するが、西洋的思惟の特徴は主客の分裂ないし分離を既成事実として認めることに出発する、ということができる（土居 一九六五：x）。

ここにみる対立構図は次のように整理できる。すなわち、〈日本的思惟＝主客合一の希求（主客の分裂の否定）＝「甘え」〉対〈西洋的思惟＝主客の分裂の容認＝「甘え」の脱却〉。こうした「甘え」の捉え方は、『「甘え」の構造』にみる次のような定義と符合する。「甘えの心理は、人間存在に本来つきものの分離の事実を否定し、分離の痛みを止揚しようとすることである」（土居 一九七一：八二）。ここで見落とせないのは、「人間存在に本来つきものの分離の事実を否定し」といわれるように、「甘え」がネガティヴな価値づけを負っていることである。「甘え」の心理は、人間に本来避けがたい分離の事実を直視せず、それを否定しようとするものだというわけである。この定義には、〈克服されるべき「甘え」〉というネガティヴな価値づけが読み込まれており、しかもそれは土居が受け止めた日本的思惟の特徴と重なるものであった。このことは、土居が一方で個人の自立と自由といった西洋的価値を積極的に受け止めている点とも符合する。いわば「甘え」は、〈依存と自立〉という対立図式のもと〈依存〉と見なされるものである。

2　主客合一――「甘え」と「純粋経験」に共通するもの

前項にみた通り、土居は〈依存と自立〉と重なり合う〈日本的思惟と西洋的思惟〉という対立図式のもと、日本的思惟の一つとして西田哲学を位置づける。日本人を古来、無反省的に培ってきた感動の基調を「甘えの心性」にみる土居は、西田哲学を近代におけるその自覚化の営みとみている（土居 一九七一：九一〜九三）。

『善の研究』（一九一一）において西田は、人間の最も根源的な経験を「純粋経験」と表現した。それは、主客未分あるいは主客合一という性格をもつものである。それはまた、他者との関係においては人や自然などに対する「愛」として語られている。「愛といふのは凡て自他一致の感情である。主客合一の感情である」（I 一二五）[7]。あるいは、次のように親子の愛情や他者との共感が説かれている。

親が子となり子が親となり此処に始めて親子の愛情が起るのである（I 一五七）。

我々が他人の喜憂に対して、全く自他の区別がなく、他人の感ずる所を直に自己に感じ、共に笑ひ共に泣く、此時我は他人を愛し又之を知りつゝあるのである。愛は他人の感情を直覚するのである（I 一五七〜一五八）。

以上のように、『善の研究』では愛を「主客合一の感情」と捉え、他者に共感し同一化することが、他者を愛すること・知ることであるとされている。ここで言われる「愛」は「純粋経験」に相当するとみてよい。土居の「甘え」と西田の「愛」すなわち「純粋経験」とは、主客合一という点で共通性をもっている。とするならば、果たして「純粋経験」（あるいは「愛」）についての西田の議論は、土居が批判したように幼児期的な「主客未分」への回帰を志向するものなのだろうか。

この問いは、西田の「純粋経験」概念が実際には多様な意識状態を指し示す包括性をもっていることと関連する。ここでは差し当たり、「純粋経験」の性格を三つに分けて整理したい。第一に、「例へば、色を見、音を聞く刹那」（I九）といわれるような、判断以前の直接的な意識状態である。第二に、芸術家や宗教家の「知的直観」（I三三他）や、熟達した技能を演じる際の高度に統一された意識状態である。そして第三に、新生児にみるような発達初期の自他未分化の意識状態もまた「純粋経験」とされる。このように、発達初期の意識状態と、高度に統一した意識状態とがともに「純粋経験」として扱われる多義性は、あたかも未分化な意識状態を理想化し、そこへの回帰を推奨しているかの印象を与えるかも知れない。この点については、すでに、「主客未だ未分なるものと主客既に未分なるものとが区別せられず、直接に同一化されている」（下村 一九九〇：八〇〜八一）、あるいは「未だ未分」と「既に未分」との同一化が「『善の研究』全体に不明瞭な、甘ったるいヴェールをかけている」（粂 一九九九：二一）といった指摘がなされている。

だが、もとより西田は〈新生児の未分化な意識状態に帰れ〉と主張したわけではない。むしろ前述のような諸経験は、意識の原初的あるいは直接的な統一状態から、意識の分化・発展の段階を経て、意識の理想的な統一状態へと至る意識の発達プロセスのうちに位置づけることが可能である。「純粋経験」は、こうしたプロセスにおいて、①発達初期の未分化な意識状態、②意識が分化・発展していく際にもみられる判断以前の直接的な意識状態、③芸術家や宗教家の経験にみるような理想的な意識統一の状態、という諸相を含んでいると考えられる(8)。

土居が西田哲学に幼児期的な「主客未分」への回帰の欲求＝「甘え」を読み取ってこれを批判したことは、前述のような「純粋経験」概念の多義性と関わっている。だが、「純粋経験」の諸相を意識の発達プロセスに位置づけて捉えるならば、発達初期への回帰のヴェクトルよりも、むしろ理想的な意識統一の状態へのヴェクトルを読み取る方が整合的である。「純粋経験」概念はその多義性ゆえにまさに「甘さ」をもつとも批判されうるが、西田のテクストの読解可能性に即して言えば、土居の批判は必ずしも当たらないだろう。

3　西田における個の追求

土居がアンビヴァレンスを抱えながらも西洋を規範として個人の自立・自由を追求したのに対して、西田もまた土居とは異なる形で個のあり方をめぐる課題を追求していた。

『善の研究』では、善とは「自己の発展完成 self-realization」(I一一七)、「人格の実現」(I一三一)であるとされるが、それはまた「個人性の実現」(I一二六)とも表現される。「個人性」とは、われわれの意識の根柢にある分析のできないものであり、意識活動は皆その発動であるという(I一二六)。また西田はいう。「一社会の中に居る個人が各充分に活動して其天分を発揮してこそ、始めて社会が進歩するのである。個人を無視した社会は決して健全なる社会といはれぬ」(I一二七)。

では、そのような個は何によって根拠づけられるのか。個の根拠づけに関して、西田はデカルトの方法的懐疑にならい「疑ふにも疑ひ様のない直接の知識」を問うが、デカルトが〈cogito ergo sum〉「余は考ふ故に余在り」の命題により〈疑う我〉にその根拠を求めるのに対して、西田はむしろ「直覚的経験の事実」に求める。主観と客観とを分かつこともできない、事実と認識との間にわずかの間隙もない「唯ありのまゝの事実を知る」直覚的経験にすべての知識の基礎を置くのである（Ⅰ四一）。これは主客合一の「純粋経験」に相当するものであり、個の根拠づけもここに置かれていた。

西田の「純粋経験」論が、主客未分の原初的経験、あるいは主客の二分法を超えた主客合一の経験を本来的な経験と捉えたのは、この二分法によって世界や諸事物を捉える対象論理に対するアンチテーゼであった。そして彼の思索の過程で、主客を包摂する根源的な場所を想定する考え方に至ったのが、場所的論理への到達であった。「場所」の立場を示した記念碑的論文集である『働くものから見るものへ』（一九二七）の「序」には、西洋文化に学びながらも東洋的な思惟を彫琢して普遍的な論理とすることをめざす西田の学問的姿勢を読み取ることができる。

形相を有となし形成を善となす泰西文化の絢爛《けんらん》たる発展には、尚ぶべきもの、学ぶべきものの許多《あまた》なるは云ふまでもないが、幾千年来我等の祖先を孚《はぐく》み来つた東洋文化の根柢には、形なきものの形を見、声なきものの声を聞くと云つた様なものが潜んで居るのではなからうか。我々の心は此の如きものを求めて已まない、私はかゝる要求に哲学的根拠を与へて見たいと思ふのである（Ⅲ二五五）。

土居の西田批判にも拘わらず、両者の間には、個のあり方をめぐる課題意識とともに、西洋の学問への追随を脱して、日本語の日常語（土居）や東洋的思惟（西田）を彫琢することによりこれらの普遍化をめざす学問的スタンスに共通性がみられる。もっとも、両者の間では個のあり方を追求する仕方が異なっており、その違いが土居の西田批判を呼び起こしたと考えられる。〈依存と自立〉という図式のもとで個人の自立（「甘え」の克服）をめざす土居にとって、個の成立根拠へと遡源して「純粋経験」を提唱する西田は、幼児期的な「主客未分」の境地へ回帰しようとするものと映ったのである。

3　母子関係へのまなざし

土居の議論は、「甘え」の克服から「甘え」の復権へと、その論調が変化していくが、「甘え」の心理的原型を乳児期の母子関係にみる点は不変であり、母子関係批判とも親和的な言説であった。本節では、このことを指摘したうえで、「甘え」理論が前提とする〈依存と自立〉の図式を相対化するような、西田の他者論の読解可能性を示したい。

1　「甘え」理論の帰結——母子関係への還元

第1節でみたとおり、「甘え」はポジティヴにもネガティヴにも価値づけられる二重性を帯びた概念である。だが、土居が半世紀にわたり「甘え」を論じていくなかで、この言葉を用いて日本社会を批評する際、その価値づけは変化していった。

一九七一年刊行の『「甘え」の構造』では、ポジティヴな価値づけとネガティヴな価値づけとが混在しているが、日本社会が批評される際に「甘え」はしばしばネガティヴな文脈で語られている。例えば、日本的自由の観念に関連して、「甘えは他を必要とすることであり、個人をして集団に依存させることはあっても、集団から真の意味で独立させることはあり得ない」（土居 一九七一：九五）という。あるいは、日本だけでなく現代世界の問題として捉えられる「青年の反抗」についても、むしろ彼らの親子間には「一種の馴れ合い」、「甘え甘やかす関係」があり、「父親の権威が感じられていない」と評される（土居 一九七一：一七六）。こうした社会批評から読み取れるメッセージは、〈日本社会に蔓延している「甘え」を克服せよ！〉とでもいうべき主張である。第2節で検討した西田哲学への批判的言及も、「甘え」の超克という課題意識のもとになされたものである。

ところが、『「甘え」の構造』の刊行から三〇年を経る二〇〇〇年代になると、むしろ「甘え」の復権というべき主張が明確に表れる。例えば、齋藤孝との共著『「甘え」と日本人』（二〇〇四）のなかで土居は、自立を重視するあまり本来の「甘え」さえ否定する風潮が起きてしまったことが「現代日本の人間関係を非常に毒している」という。「甘えの心情をすべて否定して、人間はすべからく自立すべし、ということになると、小さい頃の親子関係は成立しなくなるでしょう。しかも小さいとき甘えられなかった人間は、それこそ自立もできなくなるのです」（土居・齋藤 二〇〇四：三九〜四〇）。いわば自立のイデオロギーによる「甘え」の否定が、「甘え」を経ての自立というプロセスを阻害していることが主張されるのである。このことに関連して『甘え・病い・信仰』（二〇〇一）のなかでは次のように語られていた。「今の時代は母性愛が非常に乏しくなっている。これは自立を強調しすぎたことが関係しているでしょう」（土居二〇〇一b：一一〇）。この発言は、子どもの「甘え」を忌避する母親の問題――母性愛の衰弱と解釈されている――が、自立を強調する風潮と結びつけて語られたものである。

このように「甘え」概念による土居の社会批評の仕方には変化がみられるが、こうした変化を通じても〈依存と自立〉という図式は維持されている点に注目したい。『「甘え」の構造』では、ネガティヴな意味での「甘え」を克服して自立することが志向されるのに対して、二〇〇〇年代の言説では、むしろ自立のためにはポジティヴな意味での「甘え」が必要であることが主張されている。両者を通じて〈依存から自立へ〉というヴェクトルは維持されている。また、日本社会についての診断内容も、いわば〈ネガティヴな「甘え」が蔓延している〉という診断から、〈ポジティヴな「甘え」が否定されている〉という診断へと変化し、結果的に日本社会への批判という形式は維持されているのである。

そして見落とせないのは、このような論調の変化を通じても、「甘え」の心理的原型を乳児期の母子関係にみる点は不変であるということである。例えば、『続「甘え」の構造』においても、「甘えが乳児と乳児を世話する母親の間に最初に成立する」との命題が改めて述べられ、「初期の母子関係に問題があって素直に甘えられず甘えが屈折した場合は、いつまでもそこに低迷して先に進めないであろう」といわれる（土居二〇〇一a：九一、一一〇）。しかし、こうした議論は結局のところ、さまざまな「甘え」の病理を母子関係の病理に還元して説明することに通じている。そのことの帰結は、多分に通俗的な母子関係批判、ひいては母親批判に落ち着くことになろう。土居の「甘え」理論は、明らかにこうした議論との親和性をもっているのである。

2 「子は親から生れない」――西田他者論からの捉え直し

土居において「甘え」の心理的原型は一貫して乳児期の母子関係に見出されるが、西田のテクストから読み取れる母子関係の様相は「甘え」理論とはかなり異なっている。もっとも『善の研究』にみる他者論は、他者との共感による主客合一を説くものであり、「親が子となり子が親となり此処に始めて親子の愛情が起るのである」（Ⅰ一五七）といった表現に、母子一体化の「甘え」を読み込むことは可能であろう。しかし西田の他者論は、「共感的一致から応答的結びつきへ」（熊谷 二〇〇五）といわれるような展開を遂げ、他者との相互応答・反響の関係による他者理解が強調されるようになる。「場所」の立場が確立した西田哲学の中期の論文「私と汝」（一九三二）では、「私は汝が私に応答することによつて汝を知り、汝は私が汝に応答することによつて私を知るのである」（Ⅴ三〇六）といわれ、「何処までも独立に自己自身を限定するものが、自己限定の尖端に於て相結合するのが応答」であるとして、そこには「自他合一と正反対の意味」があるという（Ⅴ三〇七）。この点は、『善の研究』において主客合一としての「愛」が説かれていたことと大きく異なっている。

「私」と「汝」の関係は、乳児期において母親からの呼びかけとそれへの応答を通じて自己が形成される、人間形成の論理として解釈することも可能である。西田によれば、「個人的自己は唯、個人的自己によつて呼び起される」のであり、「私の生れる時、汝がなければならない」（Ⅴ三一一、三一三）。つまり「私」という自己が生まれるに際しては、他者からの呼びかけが先行するのである。「他の人格を認めることによつて自己が自己となる」（Ⅴ三一〇）という言葉も、他者からの呼びかけ――「汝の呼声」（Ⅴ三一〇、三一一）――に対する応答とそれへの反響を通して、「私」と「汝」の関係が成立し自己が形成される事情を示すものと解釈することができる。この意味において、「私」が生まれるためには「汝」の存在が欠かせない。

だが、注目すべきは、西田にあって「私」と「汝」の関係は徹底して各々の独立性において把握されている点である。論文「私と汝」には次のようなくだりがある。

我々は絶対の底から生れるのである。我々の生命は非連続の連続として限定せられるのである。そこに我々の生命の社会性といふものがなければならない、子は親から生れないといふ意味がなければならぬ、親と子と同列的なる意義がなければならない（V二八〇～二八一）。

我々の人格的生命と考へられるものの根柢には、〔……〕親も子を生まないといふ意味がなければならぬ、絶対に独立なる個物の統一といふことがなければならぬ（V二九五～二九六）。

西田において「子は親から生れない」、「親も子を生まない」といった逆説的な表現が可能となるのは、その背景に場所論的な個の把握があるためである。すなわち、各々の個は、根源的で包括的な「場所」——それ自体は対象化不可能であるため「無」とも表現される——の自己限定として成立するものであり、それぞれが独立性をもつものとして把握される。こうした場所論的理解に基づく親子関係の見方は、精神分析に基礎を置き母子関係を中心に議論を構成する「甘え」理論とは異なった構図を示している。土居が母子の二者関係から出発するのに対して、西田は個の成立根拠へと遡源した「場所」から、その自己限定として個を説明するのである。

この点に関して示唆的なのは、「現象学的人間学」(木村 二〇〇〇：二二七)を掲げる木村敏の次のような指摘である。すなわち、われわれが「現実」と呼んでいるもの、そして現実のそのつどの「現在」は、「原理的に把握不可能な生成あるいは生命それ自体の流れが認識可能な存在に姿を変え、「世界」としてわれわれの「前に立て」られて、表象(vor-stellen)されたものに他ならない」としたうえで、西田が《永遠の今の自己限定》といった表現で常用する「「自己限定」とは、このような「無限定の生成の存在化」を表現しようとしたものであるに違いない」という(木村 二〇〇〇：四九)。

西田の他者論からみれば、根源的・包括的な「場所」の自己限定――木村のいう「無限定の生成の存在化」――として存在する親と子は、互いに〈場所に於いてある他者〉であり、いわば〈子は生まれたときから親から独立している〉とさえみることが可能である。このように西田においては、「甘え」理論が前提とする〈依存と自立〉の図式そのものを相対化するような親子関係の見方を読み取ることができるのである。

おわりに

「甘え」理論には多分に西洋に対するアンビヴァレンスが認められる。それは、一方での個人の自由と自立、優れた意味での理性への信仰といった西洋的価値への積極的評価と、他方での西洋的自由への懐疑、ヒューマニズムの批判といった形で表れている。「甘え」の価値づけの二重性は土居自身のアンビヴァレンスと連動しており、このことが「甘え」評価を一見捉え難いものにしている。一方では「甘え」の克服が主張されながら、他方では「甘え」の普遍性、さらに「甘え」の復権ともいうべき主張がなされるのである。

また、土居が「甘え」の心理的原型を乳児期の母子関係にみて、「甘え」を精神分析理論のなかに位置づけたことは決定的な意味をもった。これにより、健康な人間形成にとって不可欠と考えられた「甘え」を保障する中核に母子関係が据えられたためである。このことは、とりわけ晩年の「甘え」理論が、母子関係批判なかんずく母親批判という論調をもつに至ったことと結びついている。

一方、土居により日本的思惟の一例として批判された西田哲学の場合、その「純粋経験」概念は多義性をもつものであり、土居はそこに幼児期的な「主客未分」への回帰を読み取ったが、西田においては土居とは異なる形で「個人性の実現」(Ⅰ一二六)と表現されるような課題が追求されていた。「主客合一」による他者理解(『善の研究』)から、相互の応答・反響による他者理解(「私と汝」)へと展開された西田の他者論は、乳児期の母子関係に適用して解釈することが可能であるが、そこでは「子は親から生れない」(Ⅴ二八〇)といった逆説的表現により個の徹底した独立性が主張されている。根源的・包括的な「場所」の自己限定として個を捉える場所論的把握は、精神分析に基礎を置く「甘え」理論にみる母子関係の強調とは異なった構図を示している。西田の他者論に即していえば、親も子も〈場所に於いてある他者〉であり、子どもは生まれたときから「場所」の自己限定として独立している、とさえみることが可能なのである。

土居が日本語の日常語である「甘え」を概念として掬い上げ、その意識化に貢献したことの意義は大きい。しかし、「甘え」理論の中核に母子関係が据えられたことは、通俗的な母子関係批判や母親批判への親和性を抱え込むこととともなった。土居によって批判された西田哲学には、むしろこうした母子関係に焦点化していくまなざしを相対化する契機が含まれている。土居も西田も、西洋に照らして自文化が意識される明治以降の知識人に共通の地盤に立ちながら、西洋の学問への追随を脱して、日本語の日常語（土居）や東洋的思惟（西田）を彫琢することによりこれらの普遍化をめざす各々の学問的営為を展開した。その過程で土居は西田哲学を批判したが、両者には個の捉え方に相違があった。土居が「甘え」を克服して個人の自立をめざすのに対して、西田には個の成立根拠へと遡源しようとする志向があり、彼の他者論にはむしろ〈依存と自立〉の図式それ自体を相対化する、いわば場所論的な〈ものの見方〉を読み取ることができるのである。

【註】

1　「甘え」の語が日本語に特有であるとする主張に関しては、李御寧《イーオリョン》が韓国語には「甘え」よりさらに細分化された言葉があることを指摘して土居を批判している（李 二〇〇七：一一～一四）。この批判に対して土居は、欧米語と中国語には「甘え」に相当する日常語がないことにほぼ確信を持てたが、韓国語にはあるというインフォーマントの意見をいれて既発表の論文のなかですでに言及していると反論している（土居 一九八九：四三）。本章では、「甘え」が日本語に特有であるという土居の言説が語られるコンテクストに注目して考察を進めるため、差し当たり言説自体の真理性は問わない。

2　土居は、本書で促音便を記す際に大きい「つ」で表記しているが、引用に際しては現代仮名遣いに準じて小さい「っ」に変更した。以下の引用部分も同様である。

3 『日葡辞書』の記述に関する土居の言及は『続「甘え」の構造』にみられる（土居 二〇〇一a：一〇、六五〜六六）。

4 土居は『精神分析と精神病理』のなかで、精神分析の用語を用い「口唇期」・「肛門期」・「男根期」・「性器期」の四段階で精神の発達段階を叙述している（土居 一九六五：第四章）。このうち「口唇期」の項に次のような言及がある。「これを要するに、依存欲求と性本能と攻撃本能は誕生後同時に働きだすが、この中依存欲求の方は、「甘える」という言葉でもっともよく表現することができる。乳児の甘えは生後一年の後半に始まると信ぜられるが、それはこの頃になって初めて乳児は母親が自分とは別の存在であることを知覚するようになるからである。すなわち母親が自分と別の存在であり、したがって自分から離れることがあることを体験する故に、一層母親と結びついて離れまいとするのが甘えである。このように甘えの現象は不満の体験を契機として生まれ、相手との一体感を求めようとする感情のあらわれである」（土居 一九六五：四七）。

5 日本的な集団構造は、遠慮がない身内の世界（内側）、遠慮が働く人間関係（中間帯）、遠慮を働かす必要のない他人の世界（外側）と、遠慮の有無によって区別される同心円としても把握されている（土居 一九七一：三九）。

6 引用部分の最後の一文で「回帰」と記されている言葉は、二〇〇七年の増補普及版では「回復」と記されている。『「甘え」の構造』が多くの版を重ねたいずれかの時点で表現が変更されたものと考えられる。

7 西田のテクストからの引用は、新版『西田幾多郎全集』（西田 二〇〇二〜二〇〇九）による。新版『全集』から引用・参照箇所を示す場合、次のように巻数・頁数を本文中に略記する。例・第一巻二二五頁→（Ｉ—二二五）。

8 「純粋経験」の多義性と、意識の発達過程へのそれの位置づけについては、小坂国継による整理（小坂 二〇〇二：九二〜一〇四）に学んだ。なお、こうした研究を踏まえての筆者の理解を拙稿で示した（櫻井 二〇〇〇

五：八九～九一、二〇〇七：三六～三九）。

【文献表】


李御寧《イーオリョン》（二〇〇七）『「縮み」志向の日本人』講談社学術文庫（初版・学生社、一九八二年）。

木村順治〔編集人〕（二〇一二）特集「たっぷり「甘えさせる」すると、子どもは自立します」『ｅｄｕ〔エデュー〕』二〇一二年五月号、小学館、六～三六頁。

木村敏（二〇〇〇）『偶然性の精神病理』岩波現代文庫（初版・岩波書店、一九九四年）。

熊谷征一郎（二〇〇五）「西田他者論における転回――共感的一致から応答的結びつきへ」『西田哲学会年報』第二号、一二八～一四二頁。

粂康弘（一九九九）『西田哲学 その成立と陥穽』農山漁村文化協会。

小坂国継（二〇〇二）『西田幾多郎の思想』講談社学術文庫。

櫻井歓（二〇〇五）「西田幾多郎『善の研究』における「人格」概念――個人の道徳的自己形成と国家との関係」『北陸宗教文化』第十七号、八三～一〇四頁。

櫻井歓（二〇〇七）『西田幾多郎 世界のなかの私』朝文社。

櫻井歓（二〇一四）「土居健郎「甘え」理論と西田哲学――人間形成論としての比較研究」『日本大学芸術学部紀要』第五十九号、五五～六三頁。

下村寅太郎（一九九〇）〈下村寅太郎著作集 第十二巻〉『西田哲学と日本の思想』みすず書房。

土居健郎（一九六五）『精神分析と精神病理』医学書院。

土居健郎（一九七一）『「甘え」の構造』弘文堂。

土居健郎（一九七五）『「甘え」雑稿』弘文堂。

土居健郎（一九八七）『「甘え」の周辺』弘文堂。

土居健郎（一九八九）『「甘え」さまざま』弘文堂。

土居健郎（二〇〇一ａ）『続「甘え」の構造』弘文堂。

土居健郎（二〇〇一ｂ）『甘え・病い・信仰』創文社。

土居健郎・齋藤孝（二〇〇四）『「甘え」と日本人』朝日出版社。

土居健郎（二〇〇七）『「甘え」の構造（増補普及版）』弘文堂（初版・弘文堂、一九七一年）。

土井忠生・森田武・長南実〔編訳〕（一九八〇）『邦訳 日葡辞書』岩波書店。

西田幾多郎（二〇〇二〜二〇〇九）〔新版〕『西田幾多郎全集』岩波書店。

深谷和子〔編集代表〕（二〇一〇）特集「甘える子・甘えない子」『児童心理』二〇一〇年四月号、金子書房、一一〜一〇六頁。

第4章

「甘え」理論と日本の近代

■アイロニーとしてのポストモダニズム――

下司　晶

はじめに――「日本らしさ」の両義的評価をめぐって

「日本」とは何か。「日本らしさ」とは何なのか。グローバル化の進行によってナショナル・アイデンティティを問われる機会は確かに増えてきている。そしてこの傾向は教育の世界ではいっそう直接的である。第一次安倍内閣は改正教育基本法（二〇〇六）に「愛国心条項」を盛り込み、第二次安倍内閣は道徳教育の教科化に着手した。この流れを受けて日本道徳教育学会が設定した二〇一四年の大会テーマ「モラル・ジャパン・プロジェクト」は、「クール・ジャパン」、「侍ジャパン」、「なでしこジャパン」等、その内実は不明瞭なままに「日本的なもの」をまとめ上げようとするコピーのなかでも、とりわけ諧謔的な「J回帰」（浅田 二〇〇〇a）の例といっていい。だが、国民国家の凝集力を高めようとする施策は次々と提案されながらも、その前提として「日本とは何か」「道徳とは何か」という根源的な問いが子細に議論されたという話は寡聞にして耳にしない。ある種の人々にとっては、ナショナルなものも道徳もあまりにも自明に過ぎて、対象化すらされ得ないのだろうか。だとすればそれらは自己と峻別されていないがゆえに個別性に留まり、普遍性を希求する対話に拓かれることは難しいのではないか。ここで立ち止まって、改めて考えてみたい。私たちが愛すべきとされる「日本」とは何なのか。「日本らしさ」とは何なのか。そして私たちの社会はどこに向かうべきなのか。

本章では以上の課題意識から、戦後を代表する日本文化論である土居健郎の「甘え」理論(1)を検討する。だがあらかじめ断っておくならば、この試みは「甘え」を素材として、「日本的なるもの」の本質を同定しようとする類のものではない。むしろ逆に、土居の「甘え」理論を例に日本をめぐる交錯した視線を読み解くことによって、私たちがイメージする「日本的なるもの」を脱構築した上で、今後の社会と教育が目指すべき方途を探ることを目的とする。この課題はあるいは、従来の教育学の範疇を大きく超えると思われるかもしれない。もちろん教育は、それ自体が目的であるべきであって、ある目的を実現する手段となるべきではない。とはいえ私たちは目指すべき社会のヴィジョンを抜きに教育を構想することはできないし、理想の社会像を意識することなく行われる教育は、既存の価値秩序を無自覚的に注入するイデオロギー装置となるだろう。したがって本論は、今後の社会と教育が向かうべき方向性に一つの示唆を与えることをめざしたい。

そのため、戦後日本文化論の代表たる土居健郎の「甘え」理論を題材とし、「甘え」評価の両義性から論を興すこととする。一九七一年の『「甘え」の構造』(初版)(2)発表以降、土居は「甘え」に関してアンビヴァレントであり続けたため(3)、「甘え」は称揚されるべきものか、克服されるべきものかについては、評価が分かれてきた。代表的日本文化論を検討した青木保『「日本文化論」の変容』（一九九〇）と大久保喬樹『日本文化論の系譜』（二〇〇三）はともに、『「甘え」の構造』を「日本的なもの」を肯定する論と位置づけている。だが、土居自身が「甘え」を肯定すべきか否定すべきか逡巡していることは、彼の著作を一読すれば理解できることである。実際『「甘え」の構造』を読んだ読者の多くは、「一体著者は〝甘え〟をよいことと考えているのか、あるいは悪いことと考えているのか」という疑問を抱いたと土居は回顧している（土居 一九七五：一八〇）(4)。

では改めて、「甘え」および「甘え」に代表される「日本らしさ」は、肯定されるべきなのか、否定されるべきなのか。本論はしかし、土居と同一の地平からこの問いに二者択一的に、あるいはその案分の問題として回答することをよしとしない。むしろ「甘え」理論は、私たちが日本に向ける交錯したまなざしの例として、メタ的に検討されるべきものであると考える。

明治以降「日本的なもの」はしばしば、西洋との比較によって論じられてきた。「日本らしさ」は否定的に評価されるならば、克服すべき旧弊として立ちあらわれる。丸山眞男の『日本の思想』（一九六一）は、西洋近代に比して析出される日本の特殊性を後進性とみなす近代主義の典型例である。逆に肯定的に評価される場合、「日本らしさ」は西洋とは異なる積極的価値を示すとされる。戦前の「近代の超克」論は、東洋的価値観を体現する日本こそが、西洋近代の帝国主義を乗り越え可能であるとした。また一九八〇年代以降の日本におけるポストモダン論の展開では、プレモダンの残滓を有する日本こそが逆説的にポストモダンを体現すると評価された。土居の仕事を引き継ぐ精神分析的日本論においても、「日本的なもの」の肯定／否定の対立はみられる。ユング派の河合隼雄による『母性社会日本の病理』

(一九七六)、『中空構造日本の深層』(一九八二) といった日本文化論には若干のアンビヴァレンスが含まれるものの、ユングが前近代や東洋を高く評価したことを直接に受けて、後の河合は「日本的なもの」をナイーブに肯定する方向に向かった。河合が中心となって作成し、文化庁長官在任中に配布した道徳教育の補助教材『心のノート (こころのノート)』(文部科学省、二〇〇二) は、その帰結に他ならない。他方、日本を代表するフロイト派精神分析家たる小此木啓吾は、若者論であり日本文化論でもある『モラトリアム人間の時代』(一九七八) にて、E・H・エリクソンのモラトリアム概念を援用し、成年に達しても自我同一性を確立しようとしない心性を、欧米人からみた日本人の特性として批判的に論じた。

もちろん、「甘え」理論を含む日本文化論は多くがジャーナリスティックな言説であって、学術的な検証に耐えがたい面もある。日本文化論への代表的な批判は、以下の三つに類型化できるだろう。それは第一に、明治期以降に形成された「日本」という国家や「日本人」を基礎づけるイデオロギーとして作用する (桜井 一九九三、日本科学者会議思想・文化研究委員会編 一九九一)。第二に、極度に理念化された欧米のみを恣意的に比較対象とし、信憑性に欠ける (杉本他 一九九五、二〇〇〇、李 二〇〇七(5)、小谷野 二〇一〇)。第三に、西洋を中心とする発展史観に基づいて日本を評価している (小谷野 二〇一〇)。

本章で「甘え」理論を例に検討していくのは、最後の発展史観の問題である。西洋近代を模範とする発展のモデルこそ、明治以降の日本がしばしば自らを評価する尺度としてきたものであり、日本をどのように理解し、またいかに未来を構想するかを深く規定しているからである。「甘え」理論には、むろんヘーゲル-マルクス流の歴史法則主義 (Popper 1957＝一九六一) が直裁に見出せるわけではないとしても、個人モデルでは子どもから大人への発達を、社会モデルでは前近代から近代への発展を称揚する面がある。そして土居における「甘え」へのアンビバレントな態度は、前述の発達／発展モデルと切り離して考えることができない。このような発展図式の妥当性こそ、現在の私たちに問われているものに他ならない。だが仮にこの発展史観を捨てたとして、私たちはどのように未来を構想すればよいのだろうか。本論は、ポストモダニズムやポストコロニアリズムの成果を踏まえて、これを問い直すものである。

1　「甘え」の発達理論における規範性——前エディプス的段階

まず「甘え」理論のうち、精神分析理論に依拠した個人の発達モデルとしての側面を検討する。個人の発達において「甘え」は、前エディプス期に位置づけられ、幼児的傾向を示すものと理解されている。

1　「甘え」の定義

土居によれば、「甘え」の中核にある心理は、他者との分離という事実の否認である。「甘えとは、乳児の精神がある程度発達して、母親が自分とは別の存在であることを知覚した後に、その母親を求めることを指していう言葉である」（土居 一九七一：八一）。また「甘えの心理は、人間存在に本来つきものの分離の事実を否定し、分離の痛みを止揚しようとすることであると定義することができる」（土居 一九七一：八二）。

「甘え」は日本以外では比較的潜在的であり、日本で顕著にみいだせる傾向であるため、「甘え」理論は日本文化論となる。「甘えは日本人の精神構造を理解するための鍵概念となるばかりでなく、日本の社会構造を理解するための鍵概念ともなる」（土居 一九七一：二三）。しかし土居は同時に、「甘え」という現象自体は普遍的なものであるという。「甘えなくしてはそもそも母子関係の成立が不可能であり、母子関係の成立なくしては幼児は成長することもできない」のだから、「この現象〔甘え〕は洋の東西を問わず、原則としてすべての乳児に観察し得るはずのものである」（土居 一九七一：八一）。

2　発達理論における「甘え」の位置づけ

ところが土居が研究を始めた当初は、フロイトをはじめとする精神分析の理論家たちは、「甘え」に相当する心的メカニズムを明言していなかった。土居は一九五九年、イギリスの精神分析家マイケル・バリント（Michael Balint, 1896-1970）の「受身的対象愛」の概念を知り、これが「甘え」に相当すると考えた（土居 一九七一：一四）。そして「甘え」は心理学的発達モデルでは、バリントの「受身的対象愛」やフロイトの「一次愛」と同じく、前エディプス期に位置づけられることになる。

甘えは本来乳幼児の母親に対する感情として起きると考えられるから、精神分析理論でいうところのエディプス複合成立以前にすでに始まっていると見なければならない。それはフロイド《ママ》が幼児の最初の対象選択と呼んだ極く幼少期に起きるやさしい感情に相当するものである（土居 一九七一：一三〜一四）。

「甘え」を精神分析の発達図式に組み込むとすれば、口唇期に位置づけられるだろう。この時期のリビドー体制は、乳児期に母乳を吸うことに特徴づけられる。精神分析の発達理論では、乳児は当初は自分と母親の区分ができていないとされるが(6)、中久喜雅文は「「甘え」の発達ライン」を素描するなかで、「甘え」は母子未分化の状態でも見出せると述べている(中久喜 一九九九)。精神分析の発達図式では、過ぎ去った段階の特徴も残存するとされるので、「甘え」は成人以降にも見出すことができる。

3 自律的個人への要請

しかし精神分析の発達理論に「甘え」を位置づける試みは、ネガティブなバイアスをその内に含むことになる。精神分析では、母子未分化の状態からエディプス・コンプレックスを経て父－母－子の三者関係へ移行することが、個人が自律に至る道程の第一歩とされる。したがって、「甘え」が前エディプス期に位置づけられたということは、それ自体克服されるべきものという刻印が与えられたことを意味する。

「甘え」の発達理論には、西洋近代の自律した個人を発達の目標とする図式が見出せる。土居は確かに「甘えの心性が幼児的であるということは、必ずしもそれが無価値であることを意味しはしない」(土居 一九七一：九三)と述べてはいる。しかしリビドー発達の図式に従う以上、幼児的な「甘え」は――少なくとも一九七〇年代の著作では――「克服」すべき対象としてあらわれる。例えばエリクソンのいう「自我同一性」は、「甘えを超克することによってはじめて生まれる」(土居 一九七五：一九二)。こうした主張は、当時の精神分析理論の動向を反映している。第二次大戦後のアメリカで一世を風靡した自我心理学派は、自我の外界へ適応を重視した。そのため快感原則を現実原則に置き換えること、エスの欲望を超自我の検閲によって現実社会へ適応可能な形へと変形させることがめざされた。人は、「甘え」に代表される母子未分化の状態から抜け出して、自他の区分を身につけ規範を内面化し、自律した個人へと成長していかねばならない。この個人の発達モデルは、次に述べる社会発展のモデルにも連関する。

2 「甘え」の社会理論における規範性——前近代的段階

次に、「甘え」の社会理論を検討する。土居と大塚久雄・川島武宜との鼎談『「甘え」と社会科学』（一九七六）において、「甘え」は近代社会の発展史の初期段階に位置づけられることになる。「甘え」は、個人の発達だけでなく社会の発展においても、克服されるべき前段階とされたのである。

1 超克すべきものとしての日本的思惟

土居は近代主義的図式を十分に受容する以前から、「日本的思惟」には批判的であった。特に戦前の日本思想に対する土居の筆ははじめからかなり手厳しい(7)。例えば西田幾多郎の哲学は、土居によれば「西洋哲学の伝統に触発されながら日本的体験に根ざしている」のであり、「主客未分の純粋経験を重んじるということで、明らかに禅の影響を受けている」が、これはまさに「甘え」の特徴であって、「主客の発見」「他者の発見」によって「甘えを超克すること」が必要であるという（土居 一九七一：九二～九四）。「甘え」は明確に、克服の対象とみなされているのである。

今後われわれは、日本精神の純粋さを誇ってばかりはいられないであろう。われわれはむしろこれから甘えを超克することにこそその目標をおかねばならぬのではなかろうか。それも禅的に主客未分の世界に回復することによってではなく、むしろ主客の発見、いいかえれば他者の発見によって甘えを超克せねばならないと考えられるのである（土居 一九七一：九三～九四）。

2 「特殊＝日本的なもの」としての「甘え」

日本社会に対する土居の批評は、他の日本文化論と論点を共有している。例えば土居は「甘え」理論と、丸山眞男の『日本の思想』（一九六一）や中根千枝の『タテ社会の人間関係』（一九六七）との親和性を指摘している（土居 一九七一：一八、二三）。土居によれば、日本社会は「甘え」を基本原理とするため、西洋的なプライベート／パブリックの精神も、西洋的な自由の観念も十分に根づいていない（土居 一九七一：四二）。それに対して、西洋は「甘えを媒介とせず、相互信頼を規範とする社会」とされる（土居 一九七五：一八三）。

「甘え」理論が胚胎している近代主義的図式が積極的に引き取られるのは、土居と経済学者大塚久雄、法学者川島武宜との鼎談『「甘え」と社会科学』（一九七六）においてである。大塚、川島が丸山眞男と並ぶ戦後市民社会派の知識人であり、ともに近代主義の立場に立つことをここで改めて述べる必要はあるまい。ともあれこの鼎談は、三者が分野は異なれど問題関心を共有しているとの確認からはじまる。土居は精神医学の立場から「「甘え」という行動様式が「特殊＝日本的なもの」であること、それが日本人の行動の中にいろいろな形で普遍化していること」を示した（大塚他 一九七六：二六）。そして大塚と川島は、自分たちも土居と同じく、経済学・法学というそれぞれの領域で西洋の学問に触れながらも、「特殊＝日本的なもの」を理解する方途を追及したのだ、と述べる。

大塚　実のところ、私は土居さんが「甘え」の概念でなさろうとしているようなことを、社会科学の場でやろうとしていたのでした（大塚他 一九七六：一二三）。

川島　或る意味では、私も土居さんと同じアプローチをしたと思っています。私は、西洋の語彙にはない「義理」とか「恩」のような、日本特有な意味をもつことばが存在すること、および、西洋のことば（たとえば right、Recht、droit など）に対応する意味をもつことばが日本の語彙には存在しないこと〔……〕を手がかりとして、日本人の意識・行動を明らかにしよう、と努力してきました（大塚他 一九七六：一四）。

3　人類の発展史からみた「甘え」

西洋を模範として日本を理解する近代主義的構図は、大塚がヴェーバーを援用して社会の発展図式を語りはじめるといっそう明確になる。大塚は自らの「歴史社会学」を、甘え理論によって補完しようとする。大塚によれば、ヴェーバーにも「甘え」に非常に近い意味内容をもつ概念がある。それは「家産制支配」の段階にあって構成員をつなぐ敬虔・恭順たる「ピエテート（Pietät）」である（大塚他 一九七六：二〇）。だが大塚によれば、「ヴェーバーの「ピエテート」という概念は〔……〕、問題のもうぎりぎりのそばまで行っていながら、まだ何か靴を隔ててかゆきをかくという感じがあって、それをどうしたらいいのかわからなかった」。「それが『「甘え」の構造』で一挙に道が開かれたような感じがした」（大塚他 一九七六：二三）。

大塚はヴェーバーを引きながら述べる。古代から「家産制支配」の段階までは、「「ピエテート」原理」「甘えの構造」が「なお残存し」ていた。世界的には「中国のマンダリン的（士大夫的）官僚制」、「オリエントの専制諸国家や帝政期ローマ」、ヨーロッパにおける「中世末以降のいわゆる絶対王制国家」、日本では「徳川時代の幕藩的官僚機構」が「甘え」≒「ピエテート」を基礎とする制度の例である（大塚他 一九七六：二一五〜一六）。しかし宗教改革以降のヨーロッパにおいて様相は一変する。プロテスタンティズムの勃興と普及により、「ピエテート」は文化の背景に退き、科学的なエートスが前面に出て「合理的な官僚制が生まれてきた」（大塚他 一九七六：二一六）。

だが、「近代ヨーロッパ文化の中では抑圧されてしまっている「甘え」の構造」は、「アジアでは現在でも古い姿のままで残っている」（大塚他 一九七六：二四〇）。すなわち、「甘え」は、近代に至る発展史における、前近代的なものとして位置づけられるのである。この前近代的な特徴は、日本では明治以降、第二次大戦後にまで残存している。

ヴェーバーの用語法に従うと、日本の明治以後の官僚制は合理的官僚制ではなくて、まだ家産官僚制の性格を残していると私［大塚］は思いますね。それから日本の企業の経営組織も、あれは少なくとも第二次世界大戦までは家産官僚制の性質を帯びていたと思います（大塚他 一九七六：二一六）。

冒頭に触れた比較文学者の大久保喬樹は、『日本文化論の系譜』（二〇〇三）において、丸山眞男の『日本の思想』（一九六一）が「西欧近代社会モデル」に立ち日本の特殊性を批判したのに対して、土居の『「甘え」の構造』は「西欧とは異質な日本社会固有のシステムのあり方」を肯定したと整理している（大久保 二〇〇三：二〇七）。しかしこれまでにみてきたように、土居の「甘え」評価を肯定的なものと位置づけることはできない。それはまず両義的であったし、後には丸山－大塚らと近代主義的な問題構成を共有するようになり、少なくとも一九九〇年の著作までは近代主義的な図式に依拠していることが散見される（土居 一九九〇：一五九）。「甘え」の社会理論には、「特殊＝日本的なもの」を西洋近代との比較によって解明しようとする近代主義が刻印されているのである。

3 「甘え」とポストモダニズム――アイロニーとしての日本

土居の「甘え」評価は両義的なものだが、時代を経るにつれ批判から肯定へと転換する面もある。この転換を土居の生活史や臨床経験に位置づける研究はすでになされているが（熊倉他 一九八四、熊倉 一

九九三、小此木 一九九九)、本論では同様の解釈は避けよう。むしろここでは、「甘え」の位置づけが国際的な視野と不可分であることを示したい。それこそが、「日本らしさとは何か」という今日的課題と直接に関連するからである。

1 コロニアリズムの呪縛

小此木啓吾が示しているように、「土居の甘え感覚にも年代的な特徴があり、それとともに土居の甘えに対する態度にも克服から肯定への変遷がある」(小此木 一九九九:二三)。この転換の背後には、国際的な精神分析理論の動向がある。土居が当初、「甘え」を否定的に捉えてその克服を求めていたことは、一九七〇年代までの精神分析の主流が自我心理学派であったことと無縁ではない。自我心理学は個人の自律を前提とし、幼児的欲動を社会に適応できるよう変化させようとするからである。それに対して一九八〇年代以降、国際的な精神分析理論の主流は、個人主義的な自我心理学から関係論的な対象関係論や自己心理学へと移行し、いわば他者への依存を積極的に認めるものとなる。「甘え」概念が国際的に認められたことは、この精神分析の理論転換と無縁ではない。小此木啓吾は、「甘え」理論が年代ごとに次々と登場する新たな精神分析理論によってその都度再解釈され続けてきた経緯を、次のようにまとめている。

甘え理論と国際的な精神分析理論の流れとのかかわりについて段階的にたどるのも大変興味深い課題です。例えば、初期には、フロイトおよび自我心理学の個体論と欲動論的な枠組みに規定されていて、依存欲求の概念化などがそこで生まれましたが、やがて、バリントを通して対象関係論とのかかわりが生まれ、最近は、その自己愛理論やセルフ・オブジェクト論とのかかわりで、コフートの自己心理学からの理解が語られています（小此木 一九九九：八）。

だが、「甘え」評価の転換が、国際的な精神分析理論の動向に影響されたものだったならば、「日本的なもの」を肯定するためには西洋的観点が必要だったということになる。であるならば改めて、そのように外部を必要とする「日本的なもの」とは何なのであろうか。

土居は、「〝甘え〟理論は日本人としての同一性を理論的にあきらかにする試みである」と考えていた（土居 一九七五：一九〇）。しかも土居は「「甘え」概念の発見によって私の中の西洋コンプレックスを克服できた」という。それまで西洋の基準によって測定されるしかなかった日本らしさを評定する「物差し」を得ることが出来たからである（土居 二〇〇一：二一六〜一七）。土居は『「甘え」の構造』では、「もともと欧米人を基準にして作られた心理テストによって測られるような日本的特色は、結局欧米人の立場から見たそれであって、この立場を超えるものはそれによっては得られない」と述べていた（土居 一九七一：六）。

しかし「甘え」理論は、日本の独自性を打ち出しているように見えながらも、結局は西洋の尺度に依拠しているのではないか。本論で検討してきたように、「甘え」理論は、個人の発達においても社会の発展においても、西洋近代を中心とする発展図式に依拠しており、その前段階に位置づけることでしか「特殊＝日本的なもの」を描き出すことができていない。E・サイードは『オリエンタリズム』（一九七八）において、東洋世界の表象が西洋的な言説によって形成されてきたことを明らかにした（Said 1978=一九八六）。これにならっていえば、「甘え」理論は、西洋の支配的な言説を自己に向けて折り返すことによって自己理解がなされるという意味で、オリエンタリズムを自己内面化した理論であるといえる。「甘え」理論は、コロニアリズムの呪縛に深く規定されていたのである。

2　ポストモダニズムの萌芽？

『「甘え」の構造』初版（一九七一）の結びにおいて、土居は当時を甘えの充満している時代と診断し、それを肯定すべきか批判すべきか逡巡したまま筆を置いている(8)。

実際今日のように、大人も子供もなく、男も女もなく、教養があるもないもなく、東洋も西洋もなく、要するにすべての差別が棚上げされて、皆一様に子供のごとく甘えているのは、たしかに人類的な退行現象といわねばならぬが、しかし将来の新しい文化を創造するためには必要なステップであるのかもしれない。〔……〕しかしこの点は本当のところ誰にもわからない。したがってこの人類的退行現象が死に至る病か、それとも新たな健康への前奏曲かという点について予言できるものは誰もいないであろう。そしてこの予言できないということにこそわれわれが今日直面している事態の深刻さがあると考えられるのである（土居 一九七一：二〇五〜〇六）。

だが、ここで土居が描き出した、大人／子ども、男／女、知識人／大衆、西洋／東洋の区分が棚上げされ、皆が一様に子どものようになるという様態は、今日からすればまさしくポストモダン状況の萌芽と呼ぶべきではないだろうか。したがってこれを肯定的に評価し、新たな文化へのステップと理解していたとすれば、「甘え」理論は日本のポストモダン思想と呼応するものとなったであろう。

評論家の東浩紀は、『動物化するポストモダン』（二〇〇〇）にて、一九九〇年代以降の「オタク系文化」をポストモダニズムとの関連から説明した。東自身は、自らと一九八〇年代のポストモダニストとの差異化を図るが、にもかかわらず同書の試みは一九八〇年代に一世を風靡した「ポストモダン的であること」と「日本的であること」を「意図的に混同して論じる」言説の正当な後継に他ならない（東 二〇〇〇：二八）。このように日本的であることとポストモダン的であることを重ね合わせ、肯定的に意味づける言説を本論では「日本型ポストモダニズム」と呼ぼう。東は、その典型的主張を次のように要約する。

> ポストモダン化とは、近代の後に来るものを意味する。しかし日本はそもそも十分に近代化されていない。それはいままで欠点だと見なされてきたが、世界史の段階が近代からポストモダンへと移行しつつある現在、むしろ利点に変わりつつある。十分に近代化されていないこの国は、逆にもっとも容易にポストモダン化されうるからだ。たとえば日本では、近代的な人間観が十分に浸透していないがゆえに、逆にポストモダン的な主体の崩壊にも抵抗感なく適応することができる。そのようにして二一世紀の日本は、高い科学技術と爛熟した消費社会を享受する最先端の国家へと変貌を遂げるだろう……《ママ》（東 二〇〇〇：二八）。

したがって「甘え」が素朴に肯定されるならば、土居の説は、日本型ポストモダニズムの先駆となり得たかもしれない。ちょうど日本の伝統的心性を評価する河合隼雄が、近代個人主義の限界を乗り越えようとする中村雄二郎のポストモダン的思考に近づいたように。しかし土居は、「甘え」の全面的肯定には至らなかった。のみならず『「甘え」の構造』初版の結びで描かれた甘えの蔓延した風潮は、二〇〇七年の同書『増補普及版』において「実は憂うべきことと言うべきであった」との後悔とともに回顧されている（土居 二〇〇七：六〜七）。「甘え」理論は、日本型ポストモダニズムになりそこねたのだ。

3　アイロニーとしての日本

だがあるいは、「甘え」理論は日本型ポストモダニズムになりそこねたことにこそ意味があるのではないだろうか。これを検討するため、東浩紀が要約した一九八〇年代の日本型ポストモダニズムの言説を辿ってみるならば、浅田彰の「子供の資本主義とポストモダニズム」（一九八七）に行き着く。浅田はそこで、日本は西洋近代的な主体になり得なかったがゆえに、西洋近代を超える高度な資本主義を発展させることができたという。

> マックス・ウェーバーによって分析され、大塚久雄や丸山真男《ママ》のような近代主義者によって模範とされた、古典的な産業資本主義の担い手としての主体〔……〕。そういう主体を大人と呼ぶとすれば、近代化とは成熟への過程にほかならなかったわけです。

けれども、現実には日本はまったく成熟しなかった。それどころか、ますます幼年化しつつあるように見える。そして日本の資本主義はそれだけいっそう円滑かつ効率的に機能しているようなのです（浅田 一九八七：七二）。

なるほどこの箇所だけを抜き出してみれば浅田の論は、土居が指摘した「甘え」の蔓延現象とも通底するようだし、日本型ポストモダニズムの典型を示しているようでもある。だが浅田は続けて、日本的な「子供の資本主義」こそが世界の最先端たるという前述の肯定的な見立てを、直ちに転覆し笑い飛ばしてみせる。

とすると、それはユートピア的な資本主義なのでしょうか。〔……〕資本主義のグローバルな脱テリトリー化の軌跡の終着点であり、ヘーゲル的な世界史のパロディ版ともいうべき、幼年化の過程としての資本主義の歴史の、到達点であるというわけなのでしょうか。もちろん、そんなことは絶対にない。この否定を爆笑とともに口にしなければなりません。そして、笑ったあとでいうなら、それはプレイフルなユートピアであると同時に恐るべきディストピアでもある、ともいえるのです（浅田 一九八七：七二〜七三）。

浅田によれば、「子供の資本主義」こそが近代を超えてポストモダンを体現するというヴィジョンは、「観念論的倒錯の極致」に他ならない。「甘え」にせよ「ポストモダニズム」にせよ、「日本的イデオロギー装置」という「保護場」の内部で語られる戯れ言にすぎないからである。その最たる例が一九三〇年代の「近代の超克」論、そしてその基盤となった西田哲学である（浅田 一九八七：七三～七四）。浅田は後に「日本の子供のポストモダニズムこそ世界の未来を先取りする」という前述の説を振り返り、これは「あからさまなパロディであり、自嘲を含んだアイロニーに彩られてい」たという（浅田 二〇〇〇b：四六）。ではなぜ、日本型ポストモダニズムはアイロニカルに語られるパロディでしかないのか。

酒井直樹は自らの専門分野たる「日本思想史」を、「日本の独自性と独立を主張することが直ちに西洋の普遍性を称揚することであるような制度」だという（酒井 二〇一二：五〇）。

近代的であるとは、〔……〕理念化された西洋の普遍性を受容することであり、「日本の思想」はこうした近代の枠組みを越えることができなかっただけでなく、そうした枠組みのなかで発想を続けることを意味したのである。

仮想された西洋なるものとの落差によって自国の同一性を設定し、西洋への模倣と反発の力学から自国の歴史を作り出そうとする企ては、ほとんど全ての「非西洋」知識人が直面しなければならなかった歴史的な使命とでも呼ぶべきものであった（酒井 二〇一二：五〇）。

「日本的なもの」は、この地が西洋と出会う前の過去から直接に受け継がれて現代に至っている古層のようなものではない。むしろ西洋近代を受容した上で、西洋的枠組みによって事後的に創出された表象なのである。日本の特殊性を肯定する日本型ポストモダニズムに論を戻せば、浅田はそれが「幼児的な居直り」「ナイーヴな自己肯定」に陥る他ないという（浅田 二〇〇〇b：四五）。だが、そのように肯定されるべき日本的本質など存在するのだろうか。むろん、西田哲学が「無」の哲学であり、「甘え」に主体が存在せず、天皇は空虚な中心であるように（河合 一九八二）、そのようなものは存在しない。そしてコアの存在しない日本的なるものを語ろうとする自らの言葉は、西洋近代の知を抜きには存在し得ない。本質がなく、語るべき言葉も借り物でしかない。アイロニーとしてしか存在し得ない「日本」。

土居が「甘え」に対して一貫して両義的であり続けたことの意義を積極的に位置づけるためには、日本的イデオロギー装置の枠内でナルシスティックに自己を肯定する日本型ポストモダニズムの枠組みの内部においてではなく、自己のありようを西洋と比して理解するその視線自体が西洋的な知によって構成されており、したがって「日本的なるもの」を同定する試み自体が自己欺瞞に他ならないというアイロニーから、考察されるべきなのである。

おわりに――東西の対立図式を超えて

あるときは肯定され、あるときは克服すべきものとされる「甘え」。この評価の揺れには、西洋的な尺度を自らのものとして摂取しながらも、そこに完全に同一化できない近代日本の姿が映し出されている。土居は、「甘え」によって「西洋コンプレックス」から解放されたと述べていた。しかし私たちから見ると土居は、実際には西洋的尺度から自由ではなかったように思われる。だからこそその姿は、明治以降の日本の知識人の影像と、そしてその末裔たる私たち自身とオーバーラップする。明治以降、私たちは彼我の距離に違和感を覚えながらも近代西洋を摂取して、その知によって世界と自己を理解してきた。むしろ西洋近代の知を離れて「日本的なもの」など考察できない。

では翻って、以上の「甘え」理論の検討から何を学ぶことができるのだろうか。『「甘え」と社会科学』の最後に大塚久雄は、未来を東西の文化的統合として構想している。「今後のあるべき文化」においては近代西洋では抑圧されている「「甘え」の構造」が「もう一度現われてくるべきだし、また現われてこざるを得なくなる」（大塚他 一九七六：二四〇〜二四一）。「甘え」に代表される日本的な原理（母性原理・女性的原理）は、西洋社会では近代的な原理（父性原理・男性的原理）によって放逐された。しかし、来るべき未来においては前者も力を取り戻し、両者が止揚されるべきである。大塚が提唱し土居が首肯するこの図式は、西洋的なものと東洋的なものの統合を予期するという点では、単なる近代主義史観を超えているし、その意味では今日の西洋中心のグローバル化状況を問い直す視点を有している。

この大塚の主張は、本書第Ⅱ部で扱うケアリング論の主張とも通じる点がある(9)。周知のようにC・ギリガンは、L・コールバーグによる道徳性の発達理論が、公平と普遍性を重んじる男性中心の「正義」原理に基づく一面的なものであると批判し、女性は個別性と文脈性を重視する「ケア」の原理にしたがった独自の発達を遂げると主張した。N・ノディングスは、ケアリング論をさらに発展させ、「正義」を中心とする倫理学、「個人の自律」を核とする社会構想、そして西洋近代的な発想法そのものに問い直しを求める。

従来の近代的世界観では、依存する子どもから自律した大人への発達、感性的な前近代から理性的な近代への発展を称揚してきた。しかし私たちは、これを一つの価値観として尊重しつつも、文化の多様性や歴史の複数性を積極的に承認して、国際社会における東西、西洋と非西洋の共存を目指すべきであろう。むろん、だからといって「正義」と「ケア」とを、「西洋」と「東洋」とを、「甘え」と「自立」とを実体的に対立させるべきではない。言語論的転回と社会的構築主義の前提を踏まえておくならば、「日本的なるもの」も「西洋的なるもの」も、私たちの認識と無関係に存在するわけではないし、その本質となる核が実在するわけでもない。むしろそれらは、私たちが（西洋近代の影響を受けた知によって）語ることによってはじめて立ち現れる構築物というべきである。

冒頭で述べたように、現代ではグローバル化の進行によって、日本／日本人のアイデンティティが日々問われている。しかしこれに応えるため、「日本らしさ」の本質を規定しその復古を図ることほど、時代錯誤であるという以上に事態の性質を見誤っている的外れな対処はない。新渡戸の「武士道」が英語で書かれていたことを思い起こそう。明治以降に語られるようになった「日本的なもの」は、そもそも西洋的な知を抜きにしては存在し得ないものだった。「日本らしさ」を語ることはアイロニカルであらざるを得ない。それを語る時点で、外部の視点が入っているのだから。

私たちが未来の社会と教育を構想していくためには、このアイロニーからはじめる必要がある。フィクションと知りつつ制度と戯れる日本的スノビズムとしてのアイロニーではなく、ナルシシズムを少々傷つけるとしても、自己の底は最初から抜けていたことに気づき、またそれを前提とするアイロニーから。

【註】

1 「甘え」理論は、米国留学時のカルチャー・ショックに端を発し、その後の臨床経験で磨かれ、「日本人論」と精神医学とを含むものとして発展した（土居二〇〇七：一三）。土居の著作を対象として詳細な研究を行った熊倉は、「土居の著作に表現された精神分析・精神病理学・精神医学などの諸理論全体」を「土居理論」と呼び、「「甘え」理論という言葉を土居が構築した日本語による精神分析的精神病理学に限っ」て使用している（熊倉他 一九八四：xii）。しかし本論では、土居自身のいくつかの著作（土居 一九九七、二〇〇〇）に倣い、社会批評的側面を含む「甘え」に関する土居の理論全体を「甘え理論」（「甘え」理論）と称する。「それ（甘え理論）は一方では日本人の特色を抽出する作業に結実し、他方では「甘え」概念を作業仮説として種々の精神医学的問題を解明しようとする試みに発展し、この二方向の研究が綯い交ぜになっているところに特色がある」からである（土居二〇〇七：一三）。

2 『「甘え」の構造』は多くの版を重ねて複数のヴァージョンが出版されており、現在入手可能なものは『増補普及版』（二〇〇七）である。しかし本章では『初版』（一九七一）を基本とし、必要に応じて『増補普及版』を参照する。

3 「甘えの世界を批判的否定的に見れば、非論理的・閉鎖的・私的ということになるが、肯定的に評価すれば、無差別平等を尊び、極めて寛容であるとさえいえるであろう」（土居一九七一：八四）。同様の両義的評価は、『「甘え」雑稿』（一九七五：一八一）、『「甘え」の周辺』（一九八七：三五）等でもみられる。

4 しばしば指摘されるように土居は「甘え」を分析概念としても記述概念としても用いるため、その論理構造は明瞭とはいえない（大塚他 一九七六、桜井 一九九三）。しかし小此木はこの曖昧さを逆に評価し、「現象的に記述しているものと力動的なもの」「意識的なものと無意識的なもの」の「橋渡しをするところに、甘えという言葉の機能がある」という（小此木 一九九九：一〇）。

5　李御寧《イーオリョン》は『「縮み」志向の日本人』（初版一九八二）において、土居が、「甘え」に相当する韓国語の存在を看過していることを、「脱アジア的志向の産物」（李 二〇〇七：一三）だという。土居はこれに応えて、自らが「甘え」に対応する韓国語を過去に指摘してたことがあると述べ、また自らの脱亜志向を部分的に認めている（土居 一九八九：四三）。

6　ただし自他未分化な自体愛期を認めるか否かに関しては、アンナ・フロイトら自我心理学派とイギリスのクライン派のあいだで論争がある。下司（二〇〇六）第Ⅱ部参照。

7　戦前の日本思想に対するこのような批判的姿勢は、土居の戦争体験に起因するのかもしれない。土居は、桜井哲夫による批判に応えて「私の考えは皇国史観と同じだと言われては迷惑千万である」（土居 一九九五：九）と、過剰反応している。

8　「現代は東西呼応して子供の世紀である」（土居 一九七一：二〇四）という土居の診断は、小此木の『モラトリアム人間の時代』（一九七八）やN・ポストマンの「子ども期の消失」論を先取りしているといえる（Postman 1982＝一九八五）。

9　ここでケアリング論を取り上げるのは、本論のもとになった原稿への生田久美子氏によるコメントに示唆を受けてのことである（生田 二〇一一）。記して感謝したい。

【文献表】

Gilligan, Carol（1982）*In a Different Voice : Psychological Theory and Women's Development*, Cambridge, Harvard University Press.＝（一九八六）『もうひとつの声——男女の道徳観のちがいと女性のアイデンティティ』岩男寿美子監訳、生田久美子・並木美智子訳、川島書店。

Noddings, Nel（1984）*Caring : a Feminine Approach to Ethics & Moral Education*, Berkeley, University of Cal-

ifornia Press. =（一九九七）『ケアリング　倫理と道徳の教育――女性の観点から』立山善康他訳、晃洋書房。
Popper, Karl Raimund (1957) *The Poverty of Historicism*, London, Routledge & Kegan Paul. =（一九六一）『歴史主義の貧困――社会科学の方法と実践』久野収・市井三郎訳、中央公論社。
Postman, Neil (1982) *The Disappearance of Childhood*, New York, Delacorte Press. =（一九八五）『子どもはもういない』小柴一訳、新樹社。
Said, Edward W. (1978) *Orientalism*, New York, Pantheon. =（一九八六）『オリエンタリズム』今沢紀子訳、平凡社。

＊

青木保（一九九九）『「日本文化論」の変容――戦後日本の文化とアイデンティティー』中公文庫（初版一九九〇）。

浅田彰（一九八七）「子供の資本主義と日本のポストモダニズム――ひとつのフェアリー・テイル」『現代思想』一五（一五）、七一～七四頁。

浅田彰（二〇〇〇a）「「J回帰」の行方」『voice』二〇〇〇年三月号、五八～五九頁。

浅田彰（二〇〇〇b）「スーパーフラット・アイロニー」『波』三四（六）、四四～四七頁。

東浩紀（二〇〇〇）『動物化するポストモダン――オタクから見た日本社会』講談社現代新書。

東浩紀・萱野稔人・北田暁大（二〇〇八）「鼎談　日本論とナショナリズム」東浩紀・北田暁大編『思想地図 vol.1　特集・日本』日本放送出版協会、二四七～二八四頁。

李御寧《イーオリョン》（二〇〇七）『「縮み」志向の日本人』講談社学術文庫（初版一九九八）。

生田久美子（二〇一一）「「依存」対「自立」の二項図式を超えて――「甘え」理論が示唆すること」『近代教育フォーラム』二〇、二〇四～二〇六頁。

大久保喬樹（二〇〇三）『日本文化論の系譜――『武士道』から『「甘え」の構造』まで』中公新書。

大塚久雄・川島武宜・土居健郎（一九七六）『「甘え」と社会科学』弘文堂。

小此木啓吾（一九七八）『モラトリアム人間の時代』中央公論社。

小此木啓吾（一九九九）「甘え理論――その歴史的背景と発展」北山修編集代表『日本語臨床3「甘え」について考える』星和書店、三一～三〇頁。

河合隼雄（一九七六）『母性社会日本の病理』中央公論社。

河合隼雄（一九八二）『中空構造日本の深層』中央公論社。

熊倉伸宏・伊東正裕（一九八四）『「甘え」理論の研究――精神分析的精神病理学の方法論の問題』星和書店。

熊倉伸宏（一九九三）『「甘え」理論と精神療法――臨床における他者理解』岩崎学術出版社。

下司晶（二〇〇六）『〈精神分析的子ども〉の誕生――フロイト主義と教育言説』東京大学出版会。

小谷野敦（二〇一〇）『日本文化論のインチキ』幻冬舎新書。

酒井直樹（二〇一二）『日本思想という問題――翻訳と主体』岩波書店（初版一九九七）。

桜井哲夫（一九九三）『思想としての六〇年代』ちくま学芸文庫（初版一九八八）。

杉本良夫、ロス・マオア編（一九九五）『日本人論の方程式』ちくま学芸文庫。

杉本良夫、ロス・マオア編（二〇〇〇）『日本人論に関する一二章』ちくま学芸文庫（初版一九八二）。

土居健郎（一九七一）『「甘え」の構造』弘文堂。

土居健郎（一九七五）『「甘え」雑稿』弘文堂。

土居健郎（一九八七）『「甘え」の周辺』弘文堂。

土居健郎（一九八九）『「甘え」さまざま』弘文堂。

土居健郎（一九九〇）『信仰と「甘え」』春秋社。

土居健郎（一九九五）『「甘え」の思想』弘文堂。

土居健郎（一九九七）『「甘え」理論と精神分析療法』金剛出版。

土居健郎（二〇〇〇）『土居健郎選集2　「甘え」理論の展開』岩波書店。

土居健郎（二〇〇一）『続「甘え」の構造』弘文堂。

土居健郎（二〇〇七）『「甘え」の構造　増補普及版』弘文堂。

中久喜雅文（一九九九）「「甘え」の発達ライン」北山修編集代表『日本語臨床3「甘え」について考える』星和書店、二三九〜二五二頁。

中根千枝（一九六七）『タテ社会の人間関係』講談社現代新書。

日本科学者会議思想・文化研究委員会編（一九九一）『「日本文化論」批判――「文化」を装う危険思想』水曜社。

丸山眞男（一九六一）『日本の思想』岩波新書。

Ⅱ

「自律」の教育学

II

第1章

「自律」の教育学のために

■教育における「自律」論の現在

関根宏朗・櫻井　歓

はじめに

本章の目的は、第Ⅱ部「「自律」の教育学」の前提として、教育学および教育をとりまく社会的な流れにおける「自律」の論じられ方を総論的に整理することである。第1節、第2節においては現行日本の教育改革において子どもの「自律」性という要素がよりいっそう重要視されている現状を確認する。続く第3節、第4節ではこの概念について思想史的な俯瞰を行うとともに、論理的な概念整理が図られる。最後の第5節では、いま「自律」を問題化することの意味があらためて確認される(1)。

1　教育行政における「自律」概念の扱われ方

「自ら学べ」。「意欲を高く」。子どもの「自律性」を顕揚するようなスローガンは、とかく教育の分野において近年ますます氾濫の様相を呈している。望ましい自律的な学習主体ないしは近代的主体像に対する慣習的前提のうえで、教育の設計は着実に進められてしまっている。

そうした傾向性をなにより象徴的に確認できるのが、第一次安倍政権における先の教育基本法改正である。二〇〇六年四月一三日に「与党教育基本法改正に関する協議会」が「教育の目標」の一つとして「個人の価値を尊重して、その能力を伸ばし、創造性をはぐくみ、自主及び自律の精神を養うとともに、職業及び生活との関連を重視し、勤労を重んずる態度を養うこと」をまとめると（与党教育基本法改正に関する協議会 二〇〇六：二）、その行政的検討は急ピッチで進められ、同年のうちに、ほぼそのままの言葉で改正教育基本法第二条第二項にこの「教育の目標」が記され可決・制定されることとなる(2)。

旧法には記載のなかったこの「自律」という文言が「教育の目標」の項に新たに盛り込まれた背景には、どのような前提理解があったのか。法案可決の同年一二月一三日の参議院「教育基本法に関する特別委員会」にて伊吹文明文部科学大臣（当時）は、「自分で決められるということを教育していく」のを「具体的にどういうふうにすればそれが達成できるか」と問うた浅尾慶一郎議員（民主党、二〇〇六年当時）からの質疑を受けて、以下のように答弁を行っている。

現在の学習指導要領に書いてあることは、例えば自分のことは自分で考える姿勢を身に付ける、責任を持って決めて行動するという態度を養っていく、また、生徒会や学校の問題を自分たちで話し合って決めるような活動をすると、こういうことがいろいろ書かれております。これで十分かと言われれば、不十分であるから、現在、規範意識の低下だとか自己統制の面でいろいろ社会的な問題が出ているんだと思いますから、〔……〕教育基本法の二条が含まれているこの法案をお認めいただければ更に今の学習指導要領に何がしかのものを加えていくということになろうかと思います（参議院特別委員会 二〇〇六：五）。

ここでときの文科行政は「規範意識の低下だとか自己統制の面」の問題を率直に「不十分である」と理解したうえで、いささか直接的にそれを「自主及び自律の精神」にふれた教育基本法案第二条と結び付けて認識していたという事実が読み取れる。またここで『学習指導要領』（一九九八年告示、二〇〇二年施行）における該当記述が「不十分である」と前提されていることもひとつの証言として確認しておきたい。

実際上記の理解に沿うように、その後の『学習指導要領』改訂においては改正教育基本法との密接な関連のもと、子どもの「自律」および「自律性」がより明示的に記されることとなった。子どもたちの「生きる力」の大切さを謳った現行の『小学校学習指導要領』（二〇〇八年告示、二〇一一年施行）では、とりわけ「道徳」に関連する箇所において「自律」の文言が頻出する(3)。たとえば「小学校第5学年及び第6学年」の道徳教育の内容について、これまで「自由を大切にし、規律ある行動をする」という表現だった箇所が、新たに「自由を大切にし、自律的で責任のある行動をする」と改められた（文部科学省編 二〇〇八ａ：九二）。また指導計画の編成に係る記述では、「各学年を通じて自立心や自律性、自他の生命を尊重する心を育てることに配慮するとともに、児童の発達の段階や特性等を踏まえ、指導内容の重点化を図ること」の必要性がカリキュラムのうちに強調された（文部科学省編 二〇〇八ａ：九〇）。文部科学省が公的に纏めている『解説』においても、「子どもの自立心や自律性、生命を尊重する心の育成をいずれの段階においても共通する重点として押さえる」ことが「改善の具体的事項」の第一の例として明示的に記述されている（文部科学省編 二〇〇八ｂ：五）(4)。

2 「自律」と「キー・コンピテンシー」

だがそれにしても、「自律」という古典的ともいえる人間形成の重要概念がいま行政的にあらためて注目され、またいっそう語られるようになったその経緯には、いったいどのようなものがあるのだろうか。蓋然性が高いと思われるのは、二〇〇三年のＯＥＣＤによる基礎的な「力」の提案――「キー・コンピテンシー」――の影響である。一九九〇年代末からＯＥＣＤでは、個人が身につけるべき鍵となる「力」についての概念的定義のためのプロジェクト（DeSeCo）が教育局において立ち上げられ、協働的に議論が重ねられてきた。そこで示された三つの大きなコンピテンシーとはすなわち、第一に「相互作用的に道具を用いる」（Using Tools Interactively）力、第二に「異質な集団で交流する」（Interacting in Heterogeneous Groups）力、そして第三に「自律的に活動する」（Acting Autonomously）力であるとされた（OECD 2005：10-15＝二〇〇六：二一〇〜二一八）。こうした国際的な動向は比較的早い段階で日本にも導入され、初等中等教育のカリキュラムについて論じていた二〇〇五年の中央教育審議会教育課程部会（第二七回）のなかで、文部科学省の事務担当者からコンパクトな紹介がなされている。そこでは「キー・コンピテンシーの3つのカテゴリー」として、「①社会・文化的、技術的ツールを相互作用的に活用する能力（個人と社会との相互関係）②多様な社会グループにおける人間関係形成能力（自己と他者との相互関係）③自律的に行動する能力（個人の自律性と主体性）」といったように、文部科学省担当者によるカッコ内の補足とともに説明が示された（中央教育審議会教育課程部会 文部科学省事務局 二〇〇五：一）。公開されている当日の議事録によると（中央教育審議会教育課程部会 二〇〇五）、「このようなものが、求められる能力の基本に置かれること自体に全く異議はない」、「みずから学び、みずから考える力ということは、帰結点としてはいい」、「この筋立ては非常によくできているが、付け加えるべきは、教員の問題である」、「生きる力という大ざっぱな概念の中に入っていると思われる」等のように、出席した学識経験者らには概ね肯定的に受け取られたようである(5)。

さらに改正教育基本法の成立をはさんだ二〇〇七年、同じ中教審の教育課程部会（第五二回）では、「教育基本法に教育の目標（第2条）や義務教育の目的（第5条第2項）が規定されたことを踏まえ、これらの規定と教育課程部会で議論してきた学習指導要領の改訂の基本的な考え方との関係を整理する必要がある」との見地から、二〇〇五年における「キー・コンピテンシー」についての議論を明確にふまえた議論が展開される。部会では「「生きる力」をより具体化し発展させる」ような「人間力」を構成するものとして、「主体性・自律性」「自己と他者との関係」「個人と社会との関係」の三つが順に挙げられている（中央教育審議会教育課程部会 文部科学省事務局 二〇〇七：二）。ここにきて当初のＯＥＣＤの意図は捨象され、文部科学省担当者によって翻訳紹介された際の補足的な丸カッコ内の文言がむしろ表に出て三要素を形成している。そこでは「自律性」は既定的に「主体性」と一括りにされ、しかも三つの順番もいつのまにか逆転し「主体性・自律性」が一番目に据えられている。さらに事務局からの同配布資料においては「社会的な自立（主体性・自律性）」といった表現もとられており（中央教育審議会教育課程部会 文部科学省事務局 二〇〇七：二）、議論のなかで「自立」と「主体性」そして「自律性」がていねいに切り分けられることなく同視されていたことが窺い知れる。

中央教育審議会の各部会が『学習指導要領』の反省的な見直しのために審議を重ねる役割を担っているという事実を思い返すならば、こうした概念的混乱がもたらすであろう問題はさらに重い。改革場面で幾度も語られるところの「自律」とは、本来どのような概念だったのか。あるいは教育・学習の場において「自律性」が希求されるということは、それ自体哲学的にどのような意味を含み持っているのだろうか。教育哲学者の山口匡は、「道徳教育の核心部分がカントに由来する」という見通しのもとに現行の『学習指導要領』における「自律」とカントの用いたそれとの比較を行い、「カントにとっての自律とは道徳的行為の究極的な根拠であって、習得すべき「内容項目」でもなければ、「発達の段階」でもない」ことを論証しているが（山口 二〇一三：七一～七八）、表層的に思想が掬い取られている現状を例えばこのように先人の知を参照することによって掘り返すことには大きな意義があるだろう。本書第Ⅱ部の各章はそれぞれにこうした掘り返しをねらいとするものであるが、そうした各論へと入るまえに、いわゆる教育学の世界においてこの「自律」がどのような扱われ方をしてきたか整理を加えたい。

3　教育学における「自律」概念の多義性

　ここまで当然のように「自律」という言葉を使用してきたが、実のところ、教育学の世界では「自律」あるいは「自律性」の概念は多様な文脈のもとに追求されてきた。ここで改めて、この概念の多義性について確認しておきたい。

　教育学において「自律（自律性）」の概念は、少なくとも三つのテーマ領域で追求されてきたといえる。

　まず第一に、教育を通じて実現されるべき状態としての「個人の自律」である。例えば、カントは論文「啓蒙とは何か」の冒頭で、「啓蒙とは人間が自ら招いた未成年状態から抜け出ることである」と定義し、続けて「未成年状態とは、他人の指導なしには自分の悟性を用いる能力がないことである」(6)と述べている。つまり、人が成年に達しても、怠惰と臆病のために自ら考え判断することができずに、司牧者や医師といった後見人に判断を委ねてしまうことを「未成年状態」として批判し、これを脱することこそ「啓蒙」だとしたのである（Kant 1784＝二〇〇〇：二五）。カントが「啓蒙」という言葉で明らかにしたような、一人ひとり自ら考え判断することができる状態を、教育のはたらきを通じて個人に実現しようとする際の理念として「個人の自律」がある。

　第二に、政治や経済といった社会の諸領域のなかで教育の領域が相対的に独立性をもつべきことが主張される際の「教育の自律性」という概念がある。これは、古典的には、フランス革命期にコンドルセの公教育論（Condorcet 1792＝二〇〇二）において主張され、戦後日本では「国民の教育権」論（堀尾 一九七一、一九八九）といった形で理論化されてきたものである。堀尾輝久は、「教育実践は、権力的統制や外部からのどのような支配からも自立し、教育固有の論理（法則性）にもとづいて教育的価値の実現を志向するものでなければならない」として、「教育の自律性」を明確に主張している（堀尾 一九八九：一〇〇）。

そして第三に、学問としての教育学の独立性が追求される場合の「教育学の自律性」である。例えば、近代教育学の構築を目指したヘルバルトによる学問的営為（Herbart 1806＝一九六八）の眼目の一つをこの点にみることが可能であろう。また、戦後日本の教育学においては、「教育的価値」論と結びついて「教育の自律性」とともに「教育学の自律性」が主張されてきたが、近年では、教育学のこうした志向性によりその閉鎖的性格が生み出された点が批判されている。広田照幸は、「教育学の理論的基盤が、他の学問分野から自律した地点に形成されたこと、あるべき教育を語る足場を政治や経済から距離をとった地点に据えたことの代償」として、「他の分野との交流が不活発な状態がずっと続くことになった」点などを挙げており（広田 二〇〇七：一～三）、こうした批判をめぐって論争的な状況を呈している（鈴木 二〇〇七）。

教育学において追求されてきた「自律（自律性）」はこのように多義的であるが、これらは、教育によって実現されるべき「個人の自律」、その営みが社会諸領域のなかで担保されるべき「教育の自律性」、そうした教育についての学問的反省の営みに求められる「教育学の自律性」として、階層構造のうちに捉えることができる。

これらのうち、本書第Ⅱ部の各論で主に焦点が当てられるのは、第一の意味での「個人の自律」である。いわゆるポストモダン以降の思想状況のもとで批判に曝されてきたこの概念を、いま一度検討してみようとするのが眼目である。

4　「自立」と「自律」

しかし、主題を「個人の自律」に限定した場合にもなお問題がある。それは、同じ音をもつ「自立」と「自律」という二つの言葉の関係である。いま仮に、二つの言葉を組み合わせて「自立／自律」というキーワードを作ってみた場合、ただちに想起されるのは、(1)「依存と自立」(dependence—independence)と、(2)「他律と自律」(heteronomy—autonomy)という、二つの概念対で表される問題の系列である。

これら二つの概念対を念頭に置く場合、それを構成する「依存」、「自立」、「他律」、「自律」という四つの概念の関係をどのように理解するかが問われうる。この問題は次のように整理することができる。すなわち、①「依存と自立」の概念対、②「他律と自律」の概念対、③「自立」と「自律」の異同、④「依存」と「他律」の異同、これら諸概念の関係をどのように理解したらよいかという問題である。

四つの概念を図のように二等辺三角形に配置して図式化することも可能である〔図を参照〕。この図では、「自立」と「自律」を「≒」で結んで頂角に置き、「依存」と「自立」、「他律」と「自律」をそれぞれ斜辺で結んでいる。底辺は「依存」と「他律」との関係を表わしている。図中の①〜④は、先の本文の説明に対応している[7]。

現在のところ、教育学において「自立」と「自律」の使い分けについて必ずしも合意がある訳ではない。だが、「自立」の概念を主として経済的あるいはコミュニケーション的な局面での「依存と自立」の問題系列において使用し、「自律」の概念を主として道徳的、政治的、あるいは宗教的な価値判断や行為決定に関わる局面での「他律と自律」の問題系列において使用することとして、緩やかに使い分けることは可能であろう。

図　「自律」に関わる諸概念

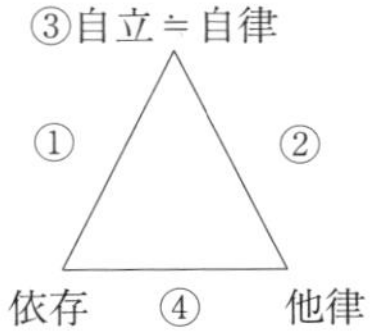

だが、ここではこれ以上概念整理のために立ち入った考察は行わず、差し当たり、以上のような諸概念の関係自体が問題となりうることを確認しておくにとどめる。

さて、これまでに検討した諸概念によって教育の営みを表現するならば、教育とはいわば「依存／他律」の状態から「自立／自律」の状態へ向けての目的意識的な働きかけであるといえる。この把握の仕方は単純化し過ぎであるという批判は免れないとしても[8]、こうした人間形成作用とその意義を否定するのでない限り、当面この図式を放棄することはできない。

これまでに教育学の分野から「自律」を主題化した研究として、岡田敬司による一連の論考が挙げられる（岡田二〇〇四、二〇〇九、二〇一一）。「蓄積・圧縮による世界の立ち上がり」という視点に立つ岡田によれば、自分の判断によって行為を決定すること（自律）ができるためには、経験や教育伝達により摂取された知識が蓄積され、それが構造化されるべく圧縮されること（断片知識の蓄積・圧縮）を機序として、出来事や状況をその全体性のうちに位置づける関連世界が立ち上がっていることが必要だという（岡田 二〇一一：一五〜一六）。こうした立場から、「自律」のための「他律」という教育のパラドキシカルな性格や、個人の自律を育む共同体の意義などが論じられている(9)。

次章以降、第Ⅱ部の各論においては、岡田とはまた異なった各論者の視点から、「依存／他律」と「自立／自律」との、単純な二律背反では割り切ることのできない入り組んだ関係が浮かび上がってくることとなるであろう。

5 あえて今「自律」を論じるということ

前節で見た岡田敬司の連作等の重要な例外を除けば、しかし今あえて教育哲学的に「自律」概念に注目し、その理論的可能性を再考しようとする仕事は決して多いとはいえない。没人格的な規律・訓練型の権力構造のうちに「異常」なるものが馴致ないし排除され、後発的に「主体」が生み出されているという告発を行なったミシェル・フーコーの仕事を参照するまでもなく（例えばドイツ観念論において典型的であるように（田村 一九八九））、各人の「主体」性へと帰せられ理解が重ねられてきたこの「自律」概念は、徹底的な近代教育批判を経た現在、もはやかならずしも自明のものではない。

わが国において近代教育（学）批判をたしかにリードしてきた教育思想史学会では、「近代教育を批判的に点検する」ことを設立趣意書（一九九一年六月）に掲げたその起源由来的に、「近代性」や「発達」、「理性」や「主体」といったこれまで教育において当たり前とされてきた思考・志向が等しくていねいな相対化の作業に付され(10)、他方で人間形成におけるオルタナティブ——たとえば生成、超越、ミメーシス、といった諸概念の提出・（再）評価や、同じく身体性、ケア、臨床といった古くも新しい視座の強調が盛んに行われてきた(11)。また「共通するのは大学闘争前後に生涯の仕事として教育学研究をこころざし、しかしその後ずっとわが国の教育学の主流に対して違和感を感じつづけてきた」（森田一九九二：三七五）といういずれも同年生まれの森田尚人、藤田英典、黒崎勲らが中心になっての『教育学年報』の創刊（一九九二年）も、一九九〇年代前半からのこうした「発達」や「主体」を相対化する流れに与するものと見ることができる。近代的理性や主体の虚構性に対する批判は、かくして日本における教育（哲）学分野の前線においてますます徹底され、それにともないカントが成人性の要件であると名指し人間形成における「パラドキシカル」（ピータース）な過程として意味づけられたはずの「自律」についても、他者性の称揚といったありふれたしかし強靭な倫理的地平からその限界がつきつけられている。このような立場からすれば「自律」はある意味すでに「古い」問題であり、検討の必要がないとみる向きもあるかもしれない。

けれども本書第Ⅱ部において展開される各論は、この極めて古典的な概念に対してあえて真っ向から原理的に考察することを目的としたものである。むろん「自律」概念に素朴な価値論的色付けをしたうえでつまみ食いをするのではない。あるいは「自律」に近代教育学的な主体賛美の匂いを嗅ぎ取ってアレルギー的にこれを棄却するわけでもない。単純な懐古主義に安住するのでもなく、とはいえ「自律」という重要な概念をただ捨て去ってしまうのでもなく、いわばその〈あいだ〉にスタート地点を設定し、そこで見えてくるものが展望されているのである。

ところで前述の教育思想史学会において二〇〇八年「近代教育批判を反省的に見直す」という趣旨の

シンポジウムが組まれたり（今井他 二〇〇九：九三〜一〇八）、『教育学年報』の無期限休刊が発表されたこと（二〇〇九年）などが象徴的に示しているように、教育学的な近代性に対するポストモダン的反省の作業は一つの区切りを迎えたと、あるいは言えるかもしれない。だが、しばしば癒着することはあるにしてもプレ・モダンがポスト・モダンと同じではないのと同様に、ポスト・ポストモダンはモダンと同じでは決してない。こうした明確な共通了解のもと、以下の各論においては、教育における「自律」という共通主題に即してさまざまな角度から考察が展開される。具体的には、幼児の保育場面における「自律」の捉えられ方から（富田）、ドイツ観念論の鍵概念の援用から（小山）、教育目的論およびケア論についての考察から（尾崎）、「自律」概念に再考・再解釈が加えられていく。

【註】

1　本章の記述にあたっては、関根が第1、2、5節を、櫻井が第3、4節をそれぞれ執筆し、合わせて検討を加えた。文責は同二人に帰するものである。

2　教育社会学者の大内裕和はこの改正教育基本法第二条二項について、「能力や創造性、そして職業などとむすびつく限りでのみ尊重される「個人の価値」」という理念を「新自由主義を促進」しかねないものであるとして批判的に読み解いている（大内 二〇〇七：一六）。また教育法学者の若井彌一は、教育基本法および学習指導要領の改訂についてのまとまりの良いレビューのなかで改正法の「教育の目標」にある種の具体性が示されたことにふれ、「しかし、それだけに、第2条の教育の目標規定は、改正内容の一面だけが軽々または恣意的に強調されることにならないように、教育改革を推進する立場にある教育行政関係者は勿論のこと、小・中・高等学校などにおける教育実践者としての教員も、バランス感覚をもって教育基本法の教育目標規定、学校教育法における学校種別の教育目的・目標規定の解釈・運用に努めなくてはならない」との注意を喚起している（若井 二〇〇八：一三）。

3 そもそも教育社会学の祖であるデュルケームは道徳性の本質的要素としてすでに「意思の自律性」を数えており、他の諸教科の教育と比べても相対的に親和性をもっているともいえる（Durkheim 1925）

4 また以下のような端的な記述も確認できる。「道徳的行為が児童自身の内面から自発的、自律的に生起するよう道徳性の育成に努める必要がある」（文部科学省編 二〇〇八b：二七）。

なおこうした心情主義について石堂常世はフランスの教育法との違いをふまえつつ、現行日本の『学習指導要領』の「徳目」において「自然や崇高なものとのかかわり」が自己‐他者‐社会といった連続性をもったつらなりの中途に挿入されているという配置を見るにつけ、「わが国の道徳教育は、ここで社会科学的な公民的教養・資質を鍛えていくというよりは、「心がまえ」を説く心情道徳に流れていく」と批判的に指摘している（石堂 二〇〇九：三五）。

5 ちなみにここでの諸発言がそれぞれどの出席者によってなされたものかは個別に示されておらず、特定することはできない。

6 邦訳書の本文に付された傍点は省略した。

7 この図は仮説的な図式であり、それぞれの概念の厳密な検討を経たものではない。この図で「自立」と「自律」を「≒」で結んで頂角に置いたのに対して、「依存」と「他律」との関係を底辺で表したのは、後者については概念間のずれの部分をより大きく見積もったためである。

8 例えば、メイヤロフはケア論の古典ともいえる小著のなかで、「依存（dependence）が私と他者の双方を自由にしてくれる類のものである場合、私は他者に専心（devotion）しているがゆえに、また彼らに依存しているがゆえに、自律的である」と述べ、「自律」（autonomy）と「依存」（dependence）とが単純な二律背反に立つものではないことを強調している（Mayeroff 1990：95＝一九八七：一六三、訳文は適宜変更した）。

9　岡田の一連の著作以外で「自律」をテーマとしている南澤貞美編『自律のための教育』（一九九一）では、「自律は、自分が自分を律する、つまり自分自身をコントロールすることとして、〔……〕普遍的な原理もしくは法則によって自分自身を規制することを意味する」と、明らかにカント的な概念規定がなされている（南澤編 一九九一：三）。

10　むろん原聡介と宮寺晃夫による教育目的論をめぐる論争などのように、個別的なレベルにおいては、かならずしもこうした枠に収まらない事例を複数確認することができる。

11　教育思想史学会のもつ学会としての流れは同学会が編集した『教育思想史コメンタール』（二〇一〇）に詳しいが、わけてもそのテクスト・コンテクストを整理した仕事としては下司（二〇一〇）を参照のこと。

【文献表】

Condorcet, Marie Jean Antoine Nicolas de Caritat, marquis de（1792）*Rapport et projet de décret sur l'organisation générale de l'instruction publique, Présentés à l'Assemblée nationale, au nom du Comité d'instruction publique, les 20 et 21avril 1792.* J. Ayoub et M. Grenon : *Édition nouvelle présentée, mise à jour et augmentée des Procès-verbaux du Comité d'instruction publique de l'Assemblée législative publiés et annotés par J. Guillaume,* vol.II, Éditions L'Harmattan, Paris, 1997, pp.138-160, 363-377. ＝（二〇〇二）「公教育の全般的組織についての報告と法案」コンドルセ他『フランス革命期の公教育論』阪上孝編訳、岩波文庫、一一～一〇七頁。

Durkheim, Émile（1925）*L'éducation morale*, Felix Alcan, Paris. ＝（二〇一〇）『道徳教育論』麻生誠、山村健訳、講談社。

Herbart, Johann Friedrich（1806）*Allgemeine Pädagogik aus dem Zweck der Erziehung abgeleitet. Johann Friedrich Herbarts Sämtliche Werke*, herausgegeben von Karl Kehrbach und Otto Flügel, Band II, 2 Neudruck, Aalen, 1989, S.1-139. ＝（一九六八）『一般教育学』是常正美訳、玉川大学出版部。

Kant, Immanuel（1784）*Beantwortung der Frage: Was ist Aufklärung? Kant's gesammelte Schriften*, herausgegeben von der Königlich Preußischen Akademie der Wissenschaften, Band VIII, Berlin, 1912/23, S.33-42. ＝（二〇〇〇）「啓蒙とは何か」福田喜一郎訳、『カント全集』一四、岩波書店、二三～三四頁。

Mayeroff, Milton（1990 [1971]）*On Caring*, Harper Perennial, New York. ＝（一九八七）『ケアの本質——生きることの意味』田村真・向野宣之訳、ゆみる出版。

OECD ed.（2005）*The Definition and Selection of Key Competencies: Executive Summary*, Paris, pp.1-20. 〈http://www.oecd.org/pisa/35070367.pdf〉（最終閲覧日、二〇一四年九月七日）＝（二〇〇六）「キー・コンピテンシーの定義と選択」ドミニク・ライチェン、ローラ・サルガニク編『キー・コンピテンシー——国際標準の学力をめざして』立田慶裕監訳、明石書店、一九九～二二四頁。

＊

石堂常世（二〇〇九）「改正教育基本法と道徳教育の新展開について——「心の教育」という徳育の限界を問う」『白鴎大学教育学部論集』第三巻第一号、二一～四四頁。

今井康雄他（二〇〇九）「検証——思想運動としての教育思想史学会」『近代教育フォーラム』一八号、九三～一〇八頁。

大内裕和（二〇〇七）「「改正」教育基本法とこれからの教育」『教育学研究』第七四巻第四号、一四～二八頁。

岡田敬司（二〇〇四）『「自律」の復権——教育的かかわりと自律を育む共同体』ミネルヴァ書房。

岡田敬司（二〇〇九）『人間形成にとって共同体とは何か——自律を育む他律の条件』ミネルヴァ書房。

岡田敬司（二〇一一）『自律者の育成は可能か――「世界の立ち上がり」の理論』ミネルヴァ書房。

下司晶（二〇一〇）「近代批判から教育人間学へ？――失われた〈歴史〉を求めて」『教育思想史コメンタール』、一八五～一九八頁。

参議院特別委員会（二〇〇六）『第二十七部　教育基本法に関する特別委員会会議録　第十一号』、平成一八年一二月一三日。

鈴木京一（二〇〇七）「自省する「戦後教育学」」『朝日新聞』二〇〇七年五月一二日付（朝刊）三五面。

田村一郎（一九八九）『ドイツ観念論における「自律思想」の展開』北海道大学図書刊行会。

中央教育審議会教育課程部会（二〇〇五）「中央教育審議会　教育課程部会（第二七回）議事録」平成一七年九月二六日〈http://www.mext.go.jp/b_menu/shingi/chukyo/chukyo3/004/siryo/05111603.htm〉（最終閲覧日、二〇一四年九月七日）。

中央教育審議会教育課程部会　文部科学省事務局（二〇〇五）「ＯＥＣＤにおける「キー・コンピテンシー」について」中央教育審議会教育課程部会　第二七回配布資料。

中央教育審議会教育課程部会　文部科学省事務局（二〇〇七）「第３期教育課程部会の審議の状況について（案）」中央教育審議会教育課程部会　第五二回配布資料。

南澤貞美編（一九九一）『自律のための教育』昭和堂。

広田照幸（二〇〇七）「教育学の混迷」『思想』九九五号（二〇〇七年三月号）、岩波書店、一～三頁。

堀尾輝久（一九七一）『現代教育の思想と構造――国民の教育権と教育の自由の確立のために』岩波書店。

堀尾輝久（一九八九）『教育入門』岩波新書。

森田尚人（一九九二）「あとがき」森田尚人・藤田英典・黒崎勲・片桐芳雄・佐藤学編『教育学年報１　教育研究の現在』世織書房、三七五～三七八頁。

文部科学省編（二〇〇八ａ）『小学校学習指導要領』。

文部科学省編（二〇〇八ｂ）『小学校学習指導要領解説 道徳編』。

山口匡（二〇一三）「道徳教育と自律の概念――カント道徳教育論の根本問題」『愛知教育大学教育創造開発機構紀要』第三巻、七一～七八頁。

与党教育基本法改正に関する協議会（二〇〇六）「教育基本法に盛り込むべき項目と内容について（最終報告）」〈http://www.mext.go.jp/b_menu/kihon/data/06053001.pdf〉（最終閲覧日、二〇一四年九月七日）。

若井彌一（二〇〇八）「改正教育基本法と学習指導要領の改訂をめぐる主要課題」『学校教育研究』第二三号、八～二〇頁。

第2章

保育における子どもの「自立」とは？

■発達の関係論的アプローチによる再考

富田純喜

はじめに

本章では、保育所でのフィールドワークによって得られたデータをもとに、保育現場での「甘え」と「自立」の捉えられ方を検討する。幼稚園および保育所は、多くの子どもにとって集団の一員となる最初の場であり、家庭とは異なる教育（保育）(1)を受けることになる。したがって、保育場面の分析は教育という営みの原初形態を検討することでもある。ただし本章の目的は、土居（一九七一）が保留し続けた「甘え」の定義を明確にし、「自立」との境界を明らかにすることではない。なお、詳細は後述するが、保育分野では身辺自立などに関しては「自立」、道徳などに関しては「自律」が用いられる傾向があるものの、使い分けは明確ではなく混同されることが多い。また、保育所での調査においても「自立」と解釈できる項目が多かったため、本章では原則として「自立」を用いることとする。

保育が掲げる目標として、幼稚園では「集団生活を通じて、喜んでこれに参加する態度を養うとともに家族や身近な人への信頼感を深め、自主、自律及び協同の精神並びに規範意識の芽生えを養うこと」（学校教育法第二三条）、保育所では「人との関わりの中で、人に対する愛情と信頼感、そして人権を大切にする心を育てるとともに、自主、自立及び協調の態度を養い、道徳性の芽生えを培うこと」（保育所保育指針第一章）と記されている(2)。幼稚園・保育所ともに、入園当初は保育者との信頼関係の構築が重視されるが、年を追うごとに他児との仲間関係の構築へと保育の主眼は移行する。そして、その過程において生活に必要な習慣を身につけ、さらには自主性、自立（律）性を育てていくことが求められている。

前述の説明を文字通りに解釈するならば、子どもは段階に沿って学習・発達していく個人であり、保育の主たる目的は、学習過程・発達途上にある個人に対する援助と読むことができる。これは、近代教育学が前提とした「甘え（依存）からの脱却＝自立」という図式と一致する。

しかし、このような理解は妥当なものといえるのだろうか。「発達」という視点から再解釈すると、前述の理解が依拠しているのは、「個体の能力の伸長や編成、あるいはその構造組換えなどを発達的変化の中軸において、理論だてをしていく」（浜田 一九九三：四五）という個人的であり段階的な発達論である。ところがここ数十年、発達を関係論的、社会・文化的に捉え直す試みがなされている。それは、「人は、個体を生き、生身の共同的関係を生き、さらに制度的・組織的な状況を生きるというふうに、〈個－関係－状況〉の三つのレベルを生きている」（浜田 一九九三：四六）ということに注視し、「発達論は、この三つのレベルのすべてを全体として捉える」（浜田 一九九三：四六）ことを意味している。つまり、従来の発達論の完全な失墜とまではならないものの、純然たる信頼を得られるものではなくなったのである。それは同時に「甘え（依存）からの脱却＝自立」という図式が揺らぐことを意味している。

そこで本章では、関係論的アプローチを土台としつつ、保育にかかわる実践者の語りから、保育現場での「甘え」と「自立」の捉えられ方を検討する。以下、まず発達論の変遷の概要を確認した後、保育研究における「甘え」と「自立（律）」の先行研究を検討する（第1節）。続いて、保育者に行ったインタビュー調査の概要（第2節）を記したうえで、調査で得られたデータをもとに、保育者による「甘え」と「自立」の解釈と実践について分析を行う（第3節）。

1　発達理論と保育研究の動向

1　個人主義的発達論からの脱却

一九八〇年頃を境にして、発達研究は大きな転換点を迎えた。それは、一九八〇年代以前の発達研究において支配的だった個人主義的発達論からの脱却である。従来の発達研究は、(1)個体の能力（認知構造など）変化に焦点化、(2)完成された姿へ向かう右肩上がりの変化、(3)科学的手法を用いた普遍的な発達法則の発見、などの特徴を有していた。佐々木が一九八〇年代以降を「ピアジェ後」（佐々木 二〇〇五）と称したように、当時最も影響力があった発達研究者の一人がピアジェ（Jean Piaget, 1896-1980）(3)である。ピアジェは発達を、外界を自己のシェマに取り込む「同化」、外界にあわせてシェマを修正していく「調節」、この「同化‐調節」の相互の「均衡化」の過程であると論じた（1936＝一九七八）。また、よく知られているように、「感覚運動期→前操作期→具体的操作期→形式的操作期」という発達の四段階説を唱えるに至った。

しかし、ピアジェの研究成果は高く評価される一方で、発達研究の発展とともに批判の対象となった。浜田はピアジェの発達論に対し、「個体の外界への適応というところに不変項をおいたことの偏りが見えてくる〔……〕結局のところ、「個体レベルで外界（しかも物理的世界）に対して適応する人間」という人間観のうえで発達論を展開」（浜田 一九九三：四四、括弧内原著）していると述べている。

「ピアジェ後」の発達研究では、こうした批判をもとに、関係論的アプローチや社会・文化的アプローチが台頭してきた。関係論とは、「特定の事物について説明するとき、その事物そのものに内在する構造や属性、ないしは構成要素などで説明しきれるものとするのではなく、事物がどのように見えるか、どのような在り方をするか、ということを、その事物とかかわる他の事物との関係性の中で捉える」（佐伯 二〇〇一：九三）ことである。ただし、関係論は、いわゆる「ピアジェ後」に提唱された発達論ではない。「ピアジェ－ワロン論争」(4)で知られるワロン（Henri Wallon, 1879-1962）は、関係論的な視点で人間の全体性（ホーリズム）を視野に入れて統一的にその発達過程を説明しようとした。つまり、ピアジェの研究が蓄積されていく同時期から、関係論的な発達研究は行われていたのである。しかし、ワロンの業績に対するわが国の認知度は、ピアジェと比較して著しく低い。その理由として加藤ら（一九九六）は、ワロンの発達理論の方がより難解であること、それと関連して、刊行された翻訳書・解説書の量が大きく違うこと(5)を挙げている。

また、社会・文化的アプローチとは、「人間の心的過程と文化的、歴史的、制度的な状況との関連性を説明していくこと」(Wertsch 1991＝一九九五) であり、「人々は文化コミュニティの一員として発達し、人々の発達は、文化実践と彼らのコミュニティのおかれている状況――これもまた変化する――に照らして、はじめて理解できる」(Rogoff 2003＝二〇〇六) という立場を展開している。このアプローチは、発達を社会・文化・歴史的に捉えるヴィゴツキー (Lev Semenovich Vygotsky, 1896-1934) およびヴィゴツキー学派の研究を基礎としている。また、ヴィゴツキーが学習と発達との関連に着目したことから、状況論などの学習理論の総称として使われることもある (石黒 二〇〇四)。

2 保育研究における「甘え」と「自立」の捉え

保育分野の先行研究では、「甘え」に焦点化するよりもボウルビィ (John Bowlby, 1907-1990) の「愛着 (attachment)」理論が援用されることの方が多い。ただし、「「甘え」はまず一義的には感情である。この感情は欲求的性格をもち、その根底に本能的なものが存在する」(土居 二〇〇七：二八八) のであり、動物行動学的な観察から生まれ、アタッチする状態を指す「愛着」とは概念的に一応別のもの、つまり、行動や感情を意味するだけではなく本能的と言ってもよい欲望・欲求であり、人間の行動を根本的に動機づける性質をもっている (小倉 二〇一〇)。しかし、「土居氏は、母子関係における乳児の心理を甘えの心理的原型としていることでも明らかであり、乳幼児にとっての甘えは、依存や愛着行動といいかえられると思う」(星 一九八二：八九四) と、同義として用いられることもある。そして、「(乳幼児期に) 甘えることができてはじめて、その後の発達に必要な人間への基本的な信頼や自立心を育てることができる」(牧野 二〇〇三：一八、括弧内筆者) という、乳幼児期における安全基地としての大人との関係構築の必要性が「愛着」と同じように指摘され、自立のための援助や指導の方略について言及されている（星 一九八二、牧野 二〇〇三）。しかし、「従来のアタッチメント理論は、なぜか、成長の過程で繋合希求欲求が満たされるようになれば（安全基地が確保されれば）、子どもは自己充実欲求を満たす方向にどんどん進んでいくという、極めて単純なモデルを立てているようにみえ」（鯨岡 二〇一〇：三〇、括弧内原著）ると指摘されるように、「甘え（依存）からの脱却＝自立」という図式が前提とされているといえるだろう。

一方、「自立（律）」に関する先行研究は、食事や排泄など身辺自立の実態調査や援助に関する「自立」研究、自己統制能力や情動調整など規範や道徳などに関する「自律」研究に大別できる。しかし、保育研究においても「自立」と「自律」の使い分けが明確なわけではなく、混同されることもある。これは、保育の対象となるのが〇～五歳児と低年齢であることや、保育内容に双方の要素が含まれていることなどが考えられる。必ずしも、保育所のみが対象とする〇～二歳児では「自立」、幼稚園・保育所ともに対象とする三～五歳児では「自律」が研究課題になっているわけではない(6)。

また、これらの先行研究では発達と関連させたものが多いため、前述した発達論の変遷の影響が垣間見られる。従来の心理学的アプローチを採用している場合は、年齢や性別などの差異から、子どもの自立（律）性の発達についての特性を明らかにするという特徴がある。それでも一九九〇年代以降には、観察事例やインタビュー調査を用いた研究が登場している。大倉（一九九九）は観察事例をもとに、乳幼児の自立的な道徳性の発達と、その育成のための保育実践方法について言及しており、近年では、北川ら（二〇一二）がインタビュー調査と質問紙調査を用い、保育者が抱く自律的な子の概念の構成要素を抽出している。確かに、観察事例やインタビュー調査を採用したいわゆる質的調査は、心理学や保育の分野で浸透してきている。しかし、「自立（律）」研究においては、行為や現象の意味を問うという質的分析は行われておらず、パターンの分類と特徴の検討を志向する傾向がある。したがって、従来の発達研究で普遍的な法則を追求したように、そのプロセスについては言及されていない。

以上のように、保育分野における先行研究は、近代教育学が前提とした「甘え（依存）からの脱却＝自立」という図式と、従来の心理学的アプローチが有していた志向性を受容するかたちで進められてきたといえる。しかし、保育における主要なテーマである発達研究が問い直されているということは、それらの呪縛を解き、「甘え」や「自立」を子どもの属性としてではなく、対象となる他者との関係において現出するものとして捉えなければならない（鯨岡 二〇一〇）。そこで本章では、保育者のインタビュー調査をもとに、保育者がどのように「甘え」と「自立」を解釈し、それがどのように実践へとつながるのか、検討を加えることとする。

2　調査概要

調査の対象にしたのは、東京都にある定員九〇名、各年齢一クラスの規模の私立保育園である。筆者は、二〇〇八年四月から当園で断続的にフィールドワークを行ってきているが、改めて「甘え」と「自立」について保育者にインタビュー調査を行った。インタビュー調査を行ったのは、H先生、K先生、S先生の三名である（二〇一四年五月）。三名の保育者は、園長との相談によって保育歴および乳幼児の担当に偏りがないように選定した。H先生は、二〇一四年度乳児クラスの担当で八年目（インタビュー当時の保育歴）、K先生は全体を担当しており二〇年目、S先生は幼児クラスの担当で五年目である。インタビューの形式は半構造化インタビュー(7)を採用し、保育場面における「甘え」と「自立」にかかわる基本的な質問を共通項目とした。インタビューの際は、対象保育者に了承を得て内容をICレコーダーで録音した。なお、引用した発言内容中の括弧内は筆者が補足した箇所であり、また、発言内容の最後の括弧は前述の保育者を指している。

3　保育者の語りにみる「甘え」と「自立」

インタビューの冒頭で、保育場面における「甘え」と「自立」という言葉の使用、および、その内容について質問をした。ところが、双方とも日常の保育で頻繁に使用することはなく、保育者間で意識的に共有されている概念ではなかった。とりわけ、「自立」については、「成長っていう言葉の方が日常のなかではよく使うかな（S）」、「それ（成長）が多分自立っていうことと同等の言葉かなって思っていて（K）」と、それが顕著に現れていた。一方、「甘え」についても、「『甘えて求めてくるよね』とか『甘えを出してくれてるよね』とかそういう話はすることはあります（H）」と、日常語として使用されている程度である。つまり、「甘え」も「自立」も、保育者による言葉自体の解釈としては、一般的なものと大差はないと考えられる。無論、「甘え」と「自立」についてのインタビュー調査であるため、過去の保育実践を回顧し意味づけることによって、双方ともに顕在化してきたが、本章はそれらの定義や境界を明確にすることが目的ではないため詳細な分析は行わない。

1 「甘え」と「自立」の解釈

まず、保育者は保育実践において「甘え」と「自立」をどのように解釈しているのだろうか。

甘えているっていう内容がいろいろあると思うんですけども、「自分をしっかり出して甘えられているな」って、そんなふうに思うことはあります。〔……〕ちゃんと自分を出せているっていうのが、甘えっていう形で出てくるかなっていうふうに思うので「ちゃんと甘えられているな、良かったな」ってそんなふうには思います（K）。

甘えてくれるほうが自分を出してくれてるっていうか、私たちを頼ってくれてるんだなって思えるので、甘えをマイナスなイメージには捉えてないですね、保育のなかで（H）。

保育者は、子どもの「甘え」をかなり肯定的に捉えている。甘えるという行為は、子どもの思いや欲求などの現れであり、それらは抑制するよりも保育者に向けて表現する方が望ましいということである。それでは、保育者はなぜ子どもの「甘え」を肯定的に捉えているのだろうか。

例えば、そうやってしてた（保育者の傍にいることが多い）子がだんだん自分のところから離れていく、でも不安になると振り返る、で、担当（保育者）と目が合って「大丈夫だよ」っていうことを繰り返していくうちに、どんどん私との距離が離れていって、それが自立に向かうってことですかね。自分でどんどん世界を広げていく（H）。

安心ができると子どもって自分から、今までここまでって思ってたそのもう一歩向こうの世界に自分から行こうとするなと思うと、それが自立かなっていうふうにも思うんですね。〔……〕自分から広げようっていうところは、一番安心できる場があってじゃないかというふうには思います（K）。

保育者が「甘え」を肯定的に受容するのは、子どもの「自立」にとって不可欠な要素と考えているからである。保育者は、「自立」のイメージを保育者の傍から心的・物理的に離れていくことと捉えている。また、そのためには、子どもにとって安心できる場、とりわけ保育者との信頼関係の構築が重要であると語っている。これは、「愛着」や「安全基地」といった、愛着理論に通じるものと考えられる。

さらに、保育者は「甘え」と「自立」の関係について次のようにも語っている。

やっぱりその自立っていうのは、こちらが求めるときもあるけれども、しっかり甘えられるからこそ自立していけるのであるから、そこの関係性。〔……〕満たされなければ、やっぱり目も外に向かないし、自分の思いが自分のなかでグルグルと渦巻いている状態。だから、なかなか他の人との関係もできにくいし、そのあたりはやっぱり集団生活なので、何かしらどこかしらで、ちょっと語弊があるかもしれませんけど問題があったりとか。出てくる子もね（S）。

例えば、ある子どもが、集団のなかで何らかの問題行動を起こした場合でも、集団生活に必要な規範や他者の気持ちの理解不足などと、単純に要因を特定することはしていない。「自立」していないが故の問題行動というよりも、自己の感情や欲求を表現することができる保育者との関係構築の欠如に起因している可能性も同時に考えている。つまり、「自立」を「甘え」や「依存」からの脱却という、一方通行の変容と捉えているわけではないのである。それは、保育者の以下の語りからも窺える。

離れるというか拠点として過ごす。確かに、一緒に過ごす大人を求めるっていうことは減ってはくるんですけど、まったく求めないわけじゃないし、もちろん。〔……〕そこの拠点が誰か分からないと、つまり自分はどの人に頼ればいいのか、困ったときには誰に行けばいいのかっていうところは分からないから〔……〕（S）。

これは、乳児と幼児の「甘え」の違いについて質問したときの語りである。一般的に、年齢が上がるにしたがって、「自立した個人」としての振る舞いが期待され、求められていく。同時に、「甘え」は怠惰な振る舞いとして否定的なイメージを帯びていく。当然、幼稚園や保育所にもこのような期待がないわけではないが、「自立」にとって「甘え」が「悪」とは考えておらず、どの年齢の子どもにとっても

「（甘えは）基本的には自立を間接的に支えるものだと思って（K）」いる。さらに、「甘えることがいけないことっていうふうに、子ども時代に学習してしまうことのほうが私は怖い（K）」とも語っており、保育者から見て姿かたちは変化しても、子どもが「甘え」から完全に脱却することはないのである。

2 「甘え」の是非とその受容

子どもの「甘え」は、「自立」との関係において不可欠なものであるため、保育者はそれを肯定的に解釈し、受容しようという姿勢がみられた。しかし、インタビュー調査からは、それとは逆の特徴も見て取れた。

子どもがものすごく相手（保育者）を確かめたい、あと、自分だけに向いてほしくていろいろやるとか。そういう場面は、良い形での甘え方ではないなって思って、そういうときに修正が必要な甘えだなって思うときはあります。〔……〕不安で求める、安心したくて求めるっていうところは本当にしっかり甘えさせてあげることが大事だと思うんだけれども、思い通りにいかない、大人が自分の思い通りに動かないっていうところ、不安からきているんじゃないケースのときには、良い形の甘えではないなっていうふうに判断はしてます（K）。

例えば、何でもかんでも泣けば済むじゃないですけども、自分の思いが通らなかったときに「ワーッ」と泣くとかっていうのは、やっぱり幼児になってくるというか、言葉も出てくるとこだから、そこは受け入れる、受け止めると受け入れるってまた違うじゃないですか。だから受け止めはするけど、受け入れるっていうことは続けてはしないですね。やっぱり、成長に合った甘えだったりっていうのをちょっと私たちのほうで見極めながら、出してかかわっていく（S）。

子どもの「甘え」のなかでも、心理的な不安に起因するものではなく、保育者を試したり、自分の思い通りに動かそうとしたりしていると読み取れる場合は、良い甘えではないと判断し修正が必要だと考えている。つまり、保育者は子どもの「甘え」すべてを受容しているわけではないのである。しかし、その判断基準を、従来の心理学的アプローチのように普遍的なものとして定式化してはいなかった。

「できるでしょ？」っていう声掛けは絶対してなくて、今日はやって欲しいんだなっていう感じで手伝ったりすると、次のときは自分でやってたりとか。そういうのは結構受け入れるようにしています。〔……〕「なんでやって欲しいの？」とか、そういうのは幼児でも聞くと思います。それで「今こうだから」ってなったら、そこを手伝ったりとか、そこを解決して自分でやってくれるほうに向けていくのかなとは思うんですけど（H）。

これまでできていたことに対してでも、心理的な不安など理由によっては受容して援助をする場合がある。発達段階とそれに伴う課題や過去の行為の可否など、文脈から切り離した基準をもとに受容するか否かを判断しているわけではない。保育者の経験則ではあるが、「甘え」が心理的な不安などに起因するものであれば、そこを解決することによって同じ行為は続かないと判断しているのである。しかし、「甘え」が心理的な不安によるものか否かの判断は、非常に困難であることが予想される。何らかの心理的な不安から、保育者を「試す」行為が現れる可能性も考えられるからである。

甘えている姿、やはり長く関係をもってきたからこそ分かる姿であって、だからこそ気づいたときというか（S）。

保育者のこの語りは、端的ではあるが非常に重要なことを示していると思われる。「甘え」や「自立」を、従来の「発達」を切り取るようなアプローチから捉えようとすると看過してしまう点である。「発達」が所与のものではないことを受容したのと同様に、「甘え」や「自立」も保育という生きた営みにおいて立ち現われるものとして受容すれば、保育者のこの語りは重要な意味をもつことになる。

確かに、「長く関係をもってきたからこそ分かる」とはいえども、子どもの行為に対する保育者の意味づけや判断に誤りがないとは断言できない。しかし、そのこと自体が重要なのではない。そもそも、子どもを理解するということは、実体としての心を直接観察しているわけではない。子どもの行為自体を切り取ることは簡単だが、そこに至る文脈や特徴を理解していなければ、行為の意味を知ることはできないのである。その意味で、この保育者の端的な語りは重要であると指摘することができる。

ここまで、子どもの「甘え」と「自立」を、保育者がどのように解釈し受容しているのかを分析してきた。そして、従来の発達理論が批判されたように、「甘え」(依存)の状態から段階的に「自立」へ向かうという、一方向への変容過程として捉えてはいないことが明らかとなった。それでは、子どもの属性とは異なる、どのような視点で解釈しているのだろうか。

やっぱりいろんな要因があると思うんです。保育園だけじゃなくってね、もちろん皆さんのお家だったりとか (S)。

できていたことができなくなるときとか、できなくなってしまうっていうのは、そういう言葉も正しいかも分からないんですけど、やっぱりその背景には何かがあるわけで (S)。

修正が必要となる「甘え」など、問題行動として子どもの行為が顕在化した際、保育者は、その要因を子ども自身には求めていなかった。インタビューを行った三名の保育者に共通していたのは、家庭に着目している点である。保育所での子どもの様子に変化が見られたとき、生活の中心となる家庭にその要因の一つを求めていた。仮に、子どもの属性として「甘え」や「自立」を捉えれば、ある日突然「できていたことができなくなる」ことの説明が困難となる。保育場面では、個人の属性とは異なる多くの仕掛け (制度や役割、期待、評価など) が埋め込まれており、子どもはそれに応じた振る舞いをすることで変容したとみなされる（富田二〇一〇）。これは家庭でも同様のことが考えられる。保育現場と家庭では、環境や求められる振る舞いに違いはあっても、子どもたちは別の世界を別の個人として生きているわけではない。つまり、それらが相互に影響し合う密接な関係にあることを考慮しなければ、子どもを理解することはできないのである。もちろん、保育者が子どもを理解する際は、当然のことながら目の前の子どもに焦点化する。しかし、子どもを理解するという行為は、前述した文脈としての理解のみならず、かかわりのある他者や環境などとの関係のなかでの理解も含んでいる。換言すれば、それらの関係性によって、子どもの「甘え」や「自立」が立ち現れるのである。

ただし、子どもが問題行動などを起こした際の要因や責任を、保育者が家庭に押しつけているわけではない。あくまで、子どもの姿を理解するための判断材料の一つとして用いており、かなり慎重な姿勢で臨んでいる。そして、保育所としていかに支援・援助ができるかを考えている。

> 家庭のなかに何かあるなって思ったときに、でも、すぐに家庭に何か投げ掛けるのではなくて、保育園のなかでこの子どういうふうにしたら、その部分が解決しなくても何か自分のなかでそういうもやもやとした思いがあるなら、そこを切り替えられるきっかけって作れないかなっていうことを思ったりして（K）。

保育者は、子どもを理解すること自体ではなく、それをいかに保育実践につなげられるかが求められる。その役割を果たすためには、子ども自身のみならず、他者や環境などとの関係における理解が必要となるため、有効な資源（リソース）として用いているのである。

また、他者や環境などとの関係において「甘え」や「自立」を捉えることは、保育者自身に降りかかる危機からの回避にもつながっていた。

私だけに「やって」って言っている子がいて、それこそそれは甘えなんですかね。でも、私がいつもやってたらこの子は私の前でだけやらなくなるんじゃないかとか、その子がやることを選べないっていうことは自分の力量不足じゃないかとか、いろいろ自分がぶれるんですね（K）。

これは、保育者自身の過去の実践を回顧しての語りである。子どもを、「甘え」（依存）から脱却し「自立」していく個人的な存在として捉えれば、それぞれの発達に沿った課題の克服が「自立」への筋道となる。それに応えられない場合の原因は、保育者の力量不足（発達に対する理解や課題設定の誤りなど）として自身に跳ね返ってくることになる。つまり、「甘え」や「自立」を子どもの属性として捉えることは、保育者自身も個人的な存在として位置づけることになり、子どもと保育者の関係を断絶することへつながってしまうのである。

4 「自立」を促す保育実践

ここまでで明らかにしてきたように、保育者は「甘え」を肯定的に捉える傾向があり、子どもとの信頼関係の構築が重要であると語っていた。加えて、子どもと保育者の二者関係のみならず、家庭などとの関係も考慮しながら子どもを理解し、実践につなげる努力をしていた。

きっと、できないと思っててもできるようにはなるじゃないですか。そのことを、それが早いほうがいいとかじゃなくて、それを待つとかそういうのが大事なのかなって思って、個人差があるとかで。〔……〕きっかけは子ども自身なのかなって思ったりしてます（H）。

その成長過程が大人に評価されて、「上手だね」とか「できるね」とかそういう大人の言葉にコントロールされている成長になっていくような気がしちゃうんですね。自分から「やってみたい」とか自分から「あ、できるようになった」って、自分のなかにそういう経験を通じて、なんかあって。褒められるからするばかりだと何か……（K）。

前述したように、保育者は子どもの「甘え」を肯定的に受容し、信頼関係の構築を重視している。さらに、経験則から、子どもが現段階ではできないことでも、大抵の事柄はいずれできるようになると判断している。そのため、保育者から子どもたちに、課題を強制することは極力控えられる傾向がある。「きっかけは子ども自身」と、保育の主要な目標の一つでもある自主性の育ちを重んじている。課題を強制し、その成果に対する評価を保育の核にすることは、子どもの成長がコントロールされたものになってしまうと危惧するのである。

しかし一方で、保育者による以下の語りも見られた。

やっぱり少しずつ大きくなるにつれ人間関係は広がっていった方が良いと思うので、大好きな人を拠点に広がっていくことを目指しているところで（K）。

「自立」を積極的に促す実践は志向していないと語っているものの、一方ではそれを望んでいる。前述の「コントロールされている成長」というのも、「他律」に対する「自律」を期待しているものと考えられる。では、この相反する意思に対して、保育者はいかに対処しているのだろうか。

子どもはあとは自分で大きくなろうって本当にし始めるので、見守りながら、あと、大きくなりたいって思うところにちょっとの背伸びができるものを準備してきてあげることで、子どもはまたどんどん自分で大きくなろうってするかなっていうふうに思ってるので（K）。

基本的には子どもを見守る姿勢を保ち、加えて「準備をする」と語っている。この「準備をする」というのは、「環境構成」を指していると理解して差し支えないだろう。保育における「環境」とは、人的環境、物的環境、社会の事象などが含まれ、保育者は、子どもの生活が豊かなものとなるように、それらを適切に配置し管理している。したがって、環境を構成するということは、「間接的に保育者の願いや教育目標をそこに含ませている」（小川 二〇〇〇：五一）ことでもある。つまり、保育者は環境を媒介として、子どもの「自立」を促しているのである。

さらに、保育者は子どもと意図的にかかわることもあれば、逆にかかわらないこともあり、それらを使い分けている。

逆に月曜日はこっちからべたべたしてみたりとか。そんなふうにするときはあります。それこそ、甘えたがってるなっていうのをちょっと察して、こっちから行ったりとかはありますね（K）。

自分の着替えだったり、例えば自分のお昼寝の後のお布団たたみとか、なかなか進まないのに、小さい子のはちゃっちゃっちゃっとしてあげたくなるのね。〔……〕そうすると、例えばお布団たたみ、自分のはたたまなくても、たたむっていう行為がこっちでしてるんだから、そこまでいいかって思ったりして（K）。

一見すると、保育者として推奨されないような行為ではあるが、それが子どもにとって有益であると判断すれば、あえてその選択をすることもある。これが、前述した修正すべき「甘え」の部類であれば、別の選択をすることになるだろう。その判断基準は、修正すべき否定的な「甘え」なのか、心理的な不安に起因するような受容すべき肯定的な「甘え」なのかによるものと考えられる。しかしながら、その選択は状況依存的であるといえる。そして、日々の保育において子どもとの信頼関係を構築し、子どもを取り巻く環境との関係を理解している保育者だからこそ可能となるのである。

おわりに

本章は、保育者がどのように「甘え」と「自立」を解釈し、どのように実践へとつなげているのかを分析してきた。以下にそれぞれの成果を整理していく。

第一に、「自立」に不可欠と考える「甘え」を肯定的に受容している。これは、どの年齢の子どもにも該当し、「甘え（依存）からの脱却＝自立」とは捉えていない。第二に、「甘え」を肯定的に受容してはいるが、修正が必要な「甘え」と判断することもある。その判断は、「甘え」行為自体を脱文脈化することはなく、それまでに築いてきた関係を資源（リソース）としている。第三に、「甘え」や「自立」を、子どもの属性としてではなく、子どもがかかわる他者や環境などの関係のなかで捉えている。これは同時に、子どもとの関係を断絶することからの回避にもつながっていた。第四に、環境を媒介にし、ときに戦略的に振る舞いを変化させることによって、子どもの「自立」を促していた。

以上のように、保育という生きた営みに焦点化することで、従来の「甘え（依存）からの脱却＝自立」という図式とは異なる様相を明らかにすることができた。「自立」を促す保育を志向していることに相違はないが、その関係は非常に複雑である。ただし本章で明らかにできたのは、保育における「甘え」と「自立」の捉えられ方の一端に過ぎないだろう。本章では言及しなかった、保育における「自律」の扱いも残された課題の一つである。実際の保育場面で、「自律」が保育者によって意識化されることはほぼなかった。しかし、前節で若干触れたように、「自立」とは異なった視点で捉えられ、異なった関係において立ち現れている可能性がある。より詳細な分析により、「自立」と「自律」の相違点が明らかになるかもしれない。

それでも本章で得られた知見は、保育という営みにおける子どもの発達を関係論的に捉え直す必要性を改めて示している。個人主義的発達論の批判は、その説明に用いられていた発達段階や発達課題の存立基盤を揺るがすものである。これは、普遍的な発達法則の想定が困難になっていることを意味している(そもそも完成した状態がいかなるものか不明ではある)。したがって、発達を個人差の問題に還元して説明することや、環境や文化が個人の内的変容に影響を与えるという従来の解釈も、問い直しが迫られることになる。

従来の発達論に従えば、発達する個人に対して可能な他者の関与は、個々の事態に対する有効なストラテジーの探求、いわば対症療法的な処置に留まることになるだろう。これは、保育を場当たり的な営みへと導くと同時に、保育にかかわる者の関係を断絶し、それぞれが孤立への道を辿ることにつながる。したがって、発達概念を転換して関係論的視点に立つということは、保育の前提である他者とのかかわりを持続可能なものとして保障することでもある。ただし、関係論的な発達概念への転換は、いわゆる相互行為を伴う関係の拡大や深化と同義ではない。それは、分析の単位を個人から拡張しているに過ぎず、関係論特有の相互性は無視され、従来の視点から何も変わらなくなってしまう。求められているのは、「一つのことの変化は、さまざまな関係の変化の結果であると同時に、さまざまな関係の変化を創出する」(佐伯 二〇〇一：一八四)という文化的実践を生きることである。

さらに、文化的実践を生きるということは、さらなる課題を突きつけられていると同時に、新たな可能性が秘められていることを意味している。当然のことながら、子どもの発達の助長を主たる目的に設定している保育も、決してそこから逃れることはできない。

伝統や状況の多様さを考えると、子どもたちへの期待に違いがあるのはわからなくもありません。〔……〕生活が立ち行くようにするためにどんな制度・施設を使っているのか、そのような制度・施設や文化実践において円熟した働きをすることへ向けて、コミュニティはどんなことを発達のゴールとしているのだろうか〔……〕(Rogoff 2003＝二〇〇六：五)。

保育者は、何らかの発達観をもとに日々の実践を計画し展開、評価している。その保育実践は、幼稚園教育要領や保育所保育指針を参照しており、そこにも何らかの発達観が内包されている。保育に携わる者がそれを自覚しているか否かによって、実践の組織化や保育文化の再構築にも違いが生じるだろう。発達が社会的で文化的なものであるということは、ロゴフが指摘しているように、「発達をどう想定するのか」という問題と切り離すことができない。そして、発達の枠組みを構成し、方向づけている文化や制度などが、どのような価値観を基盤として成り立っているのかに目を向けること、さらには新たに創造することを私たちに要請している。

【註】

1 幼稚園は学校教育法に定められた「学校」であるため「教育」を行い、保育所は児童福祉法で定められた

「児童福祉施設」であるため「保育」（養護）を行うと理解されることがある。しかし、保育は「乳児、幼児を対象として、その生存を保障する「養護」と心身の健全な成長・発達を助長する「教育」とが一体となった働きかけ」（森上 二〇一〇：一～二）と解釈されている。そのため、幼稚園・保育所における実践は、ともに「保育」という用語が用いられている。

2 学校教育法では「自律」が用いられているが、幼稚園教育要領では「自律」の表記はなく「自立」のみである。なお、保育所保育指針でも「自律」は用いられていない。

3 ピアジェは心理学者や発達研究者と紹介されることが多いが、元々の研究関心は認識論および生物学にあった。心理学や発達研究における成果は、それらの研究過程の副産物であり、それを本人も認めている。

4 「ピアジェ－ワロン論争」は、一九二八年のフランス哲学会シンポジウムにおいて、ピアジェの報告に対するワロンの質問と批判の提出に端を発する。その後、学会誌上あるいは両者の著作上での論争が、一九五〇年代半ばまで行われた（加藤他 一九九六）。

5 ピアジェに関しては、第二次大戦前から波多野完治がピアジェ研究に注目し紹介してきた。戦後、波多野完治や滝沢武久などの心理学者のみならず、哲学者や数学者がピアジェの主著を翻訳した。一方、ワロンの主著は、滝沢武久や久保田正人らによって翻訳されたのが、一九五〇から六〇年代にかけてである（加藤他 一九九六）。

6 金丸ら（二〇〇四）や塩崎（二〇〇八）などを参照。

7 「半構造化インタビュー」とは、質問項目を高度に構造化した「構造化インタビュー」と非定型的な「非構造化インタビュー」のあいだに位置する形式である。

【文献表】

Piaget, J.（1936）*La naissance de l'intelligence chez l'enfant*, Delachaux et Niestlé. ＝（一九七八）『知能の誕生』谷村覚・浜田寿美男訳、ミネルヴァ書房。
Rogoff, B.（2003）*The Cultural Nature of Human Development*, Oxford, Oxford University Press. ＝（二〇〇六）『文化的営みとしての発達――個人、世代、コミュニティ』當眞千賀子訳、新曜社。
Wertsch, J. V.（1991）*Voice of the mind：A sociocultural approach to mediated action*, Cambridge, Mass, Harvard University Press. ＝（二〇〇四）『心の声――媒介された行為への社会文化的アプローチ　新装版』田島信元他訳、福村出版。

＊

石黒広昭編（二〇〇四）『社会文化的アプローチの実際――学習活動の理解と変革のエスノグラフィー』北大路書房。

大倉三代子（一九九九）「自立的な道徳性の発達と保育」『乳幼児教育学研究』第八号、三三～四二頁。

小川博久（二〇〇〇）『保育援助論』生活ジャーナル。

小倉清（二〇一〇）「講演　アタッチメント、甘え、関係性と臨床」『乳幼児医学・心理学研究』Vol.19 No.1、一七～二五頁。

加藤義信他（一九九六）『ピアジェ－ワロン論争――「発達するとはどういうことか」』ミネルヴァ書房。

金丸智美・無藤隆（二〇〇四）「母子相互作用場面における2歳児の情動調整プロセスの個人差」『発達心理学研究』第一五巻第二号、一八三～一九四頁。

北川歳昭・椙原彰子・宮川洋子（二〇一二）「保育者がもつ「自律的な子」概念」『就実教育実践研究』第五巻、四三～五七頁。

鯨岡峻（二〇一〇）「講演　アタッチメント、甘え、関係性と関係発達論」『乳幼児医学・心理学研究』Vol.19 No.1、二七～三六頁。

佐伯胖（二〇〇一）『幼児教育へのいざない――円熟した保育者になるために』東京大学出版会。

佐々木正人（二〇〇五）『ダーウィン的方法――運動からアフォーダンスへ』岩波書店。

塩崎政江（二〇〇八）「幼稚園教育　幼児の社会的自立を促す幼稚園の役割」『初等教育資料』通巻八三一号、八四～九〇頁。

土居健郎（一九七一）『「甘え」の構造』弘文堂。

土居健郎（二〇〇七）『「甘え」の構造　増補普及版』弘文堂。

富田純喜（二〇一〇）「社会的関係構造としての子どもの変容――幼稚園における年度末から年度始めの保育実践の関係論的分析」『乳幼児教育学研究』第一九号、一四五～一五四頁。

浜田寿美男（一九九三）『発達心理学再考のための序説』ミネルヴァ書房。

星美智子（一九八二）「幼児期に見る甘えとその指導」『児童心理』第三六巻第五号、八九二～八九六頁。

牧野カツコ（二〇〇三）「乳幼児期の家庭の役割と甘えの体験」『日本教材文化研究財団研究紀要』第三三号、一六～二〇頁。

森上史朗（二〇一〇）「保育」『保育用語辞典　第6版』ミネルヴァ書房、一～二頁。

第3章

「自律」観の転換に向けて

■カントの反省的判断力論をめぐる諸解釈から

――――小山裕樹

はじめに

自ら考え、行動すること。周囲からの制約を受けず、自らが自らに課した規律に従って考え、行動すること。一般に「自律」という言葉、とりわけ個人の「自律」という言葉に含まれている以上のような事柄の意味を、現代、私たちはどのように理解すればよいのであろうか。こうした疑問に答えるための手掛かりを、本章では、一八世紀ドイツの哲学者であるイマヌエル・カント（Immanuel Kant, 1724-1804）の思索、および彼の哲学を批判的に継承し再構成した後世のカント解釈者たちの思索に求めたいと考える。いわゆる「近代」が産声を上げた頃、カントは「自律」に関する一連のまとまった思索を残した。ところが、彼の思索は、後世の哲学者たちによって評価されると同時に批判もされることになった。こうしたカント哲学の批判的継承のなかから、とりわけ「自律」に関する彼の理論の批判的継承のなかから、現代の私たちは何を学び取ることができるであろうか。本章では、この点について考えてみたい。

本章の議論の見通しを示しておこう。第1節では、カントが「自律」の形態として「意志の自律」をとりわけ重視していたことが確認される。ところが、この「意志の自律」は批判も受けている。すなわち、この「意志の自律」は個別的な他者に応答できないとされるのである。そこで、個別的な他者に応答するための方策が、カント哲学の解釈射程のなかで探求される。第2節では、カント哲学における個別的なものの位置を彼の有機体論のうちに見出しつつ、この有機体論を個別的なもの一般に関するカント的理論として解釈するフォッセンクールの議論を検討する。しかし、この議論にも或る種の問題点が指摘されるであろう。後に論じられるように、そこでは、個別的なものが「全体」や「目的」に回収される恐れがあるのだ。そこで第3節では、如何なる「全体」や「目的」にも回収されない個別的なものを、アレントのカント解釈を手掛かりに探し求める。結論を先取りすれば、その個別的なものとは、他の「如何なる目的のために」と問うことのできない「美しいもの」や「人間」である。これらは「全体」や「目的」に回収されないかけがえのない存在であり、これらの価値や意味を見出すためには、カントの言う「反省的判断力」の一形態としての「美感的判断力」が必要になるであろう。この「美感的判断力」に、個別的な他者への応答可能性を見出したい。

こうして「意志の自律」に対する批判から「反省的判断力」の一形態としての「美感的判断力」の意義へと議論が展開するなかで最終的に目指されるのは、「自律」観の転換である。カント哲学では本来「自律」概念は多義的であり、「自律」の有り方として「反省的判断力」の「自己自律」という形態も存在する。本章では、結論として、この「反省的判断力」の「自己自律」の意義を評価しつつ、「意志の自律」から「反省的判断力」の「自己自律」へ「自律」観を転換することが提案されるであろう。

1　「意志の自律」に対する一つの批判

1　啓蒙と「意志の自律」

カントは、「啓蒙とは何か」という論文の冒頭で、次のように述べている。

> 啓蒙とは人間が自ら招いた未成年状態から抜け出ることである。未成年状態とは、他人の指導なしには自分の悟性を使用する能力がないことである。この未成年状態の原因が悟性の欠如にではなく、他人の指導がなくとも自分の悟性を使用する決意と勇気の欠如にあるのなら、未成年状態の責任は本人にある。したがって啓蒙の標語は、「あえて賢くあれ！」「自分自身の悟性を使用する勇気を持て！」である［強調は原文］（VIII 35）。

ドイツに啓蒙思想を普及させた雑誌『ベルリン月報』に、カントは、一七八四年に「啓蒙とは何か」という論文を寄稿し、啓蒙思想普及の一翼を担うことになる。この論文の冒頭に掲げられた有名な文言が、右記であった。ここで「悟性」（Verstand）と言われているのは、『純粋理性批判』（一七八一年に第一版が刊行）における「概念の能力」としての狭義の「悟性」ではなく「思考能力」一般であり[1]、それゆえ「自分自身の悟性を使用する勇気を持て」とは、「自分自身で考える勇気を持て」ということを意味している。人間はみな、本来的に自ら考え行動する能力を持っている。つまり「自律」して考え行動する能力を持っている。にもかかわらず、人間はなぜそのような「自律」した存在として振る舞わず、他人の後見のもと「他律」した未成年状態に留まろうとするのか。

なぜ彼らは生涯を通して未成年状態でいたいと思い、またなぜ他人が彼らの後見人を気取りやすいのか。怠惰と臆病こそがその原因である。未成年状態でいるのはそれほど気楽なことだ。私の代わりに悟性を備えた書物があり、私の代わりに良心を持った司牧者、私の代わりに食事療法を判断してくれる医師などがいれば、私は実に自分で努力する必要はなくなる。彼らに謝礼金を払うことさえできれば、自分で考える必要はなくなり、他人が必ず自分に代わって面倒な仕事を引き受けてくれるだろう（VIII 35）。

自ら考え行動することは面倒だし恐ろしい。自分の行動の責任がすべて自分に帰せられてしまう。この責任を、もし他人が肩代わりしてくれるならば、これほど気楽なことはないであろう。例えば、引用文中にもある通り「私の代わりに良心を持った司牧者」の説教にすべてを委ね、自分自身の良心を働かせず「自律」的に善悪を判断しなくて済むならば、気楽であろう。だが、この人は啓蒙され「自律」した存在とは言えまい。

ちなみに、カント研究者の宇都宮芳明によれば、この「司牧者」の例に即して語られているのは、単なる知的な啓蒙に留まらない、道徳的な啓蒙という位相である（宇都宮 二〇〇六：二三二）。カントは、啓蒙の完成を単に知的な啓蒙の達成に留まらない「道徳化」(Moralisierung) の達成という境地に見出しており、こうした境地に達した「自律」のあり方を特に「意志の自律」(Autonomie des Willens) と呼び、区別している (宇都宮 二〇〇六：九二以下)。「意志の自律」は、カントの批判期の道徳哲学の成立を告げる著作である『人倫の形而上学の基礎づけ』(1785) では、端的に「定言命法」に従うような意志のあり方だと説明される (IV 440)。例えば、カントが「定言命法」に適った法則の例として挙げる「嘘をつくべきではない」という法則に即して、考えてみよう。私が道徳的に見て嘘をつくべきではないのは、「司牧者」が私に「嘘をついてはいけない」と説教したからではなく、また、嘘をつくと私が恥をかくことになるかもしれないからでもない。私が嘘をつくべきではないのは、「定言命法」が無条件に命じる通り「たとえ私が少しも恥をかくことにならなくても、私は嘘をつくべきではない」からである (IV 441)。他人からの指示や周囲からの評価などとは無関係に、自らが自らに対して「意志が意志自身に対して」(IV 440) 道徳的に正しいと命ずる以上、意志はその法則に無条件に従わなければならない。これが道徳であり、このようにして成立するのが「意志の自律」だと語られるのである。

2 「意志の自律」は個別的な他者に応答できるか——ケア論からの批判

ところが、カント研究者としても有名な倫理学者の加藤泰史によると、近年の倫理学研究では、カント批判の重点が、この「意志の自律」という考え方に集中しているという。「意志の自律」を称揚するカント的な倫理学では「他者の個別性を知覚する感受性が阻害され」ると批判されるというのだ。そして、「意志の自律」に対抗するための「別の思考」が現われるともいう。すなわち、この別の思考において「他者は能動的な道徳的行為の対象として把握されるのではなく、その他者に備わる多様性に即してありのままに開示される」。また、この別の思考では「他者の個別性に対する受容的で受動的な感受性が規範的に強調されることになる」とされる（加藤 二〇〇四：一二五～一二六）。なるほど、先程確認したように「意志の自律」は、自らが自らに対して「意志が意志自身に対して」命じるという、いわばモノローグ的なモデルで構成されている。カントの後継世代であるドイツの哲学者ヘーゲルが、早くも彼の『哲学史講義』のなかで批判していたように、カント倫理学の核心は「意志の自分自身との同一性」にあり（Hegel 1971 : 367 = 一九九七：一〇九）、そこでは、自らが自らと一致していること、自己矛盾しないことが、何よりも重要視される。カント倫理学のなかで嘘が禁止されたのも、嘘が真実の自分と嘘をつく自分との間に自己矛盾を引き起こし、自分自身との同一性を危険にさらす恐れがあるからであったと言われる（宇都宮 二〇〇六：一〇七）。真実の自分は常に自己同一性を保たなければならないのであり、他者が抱えている個別的文脈に配慮した結果として嘘をつき、最も重要であるはずの自己の同一性を危険にさらしてはならない。この意味で言えば、カント倫理学のなかで他者の個別性は相対的にそれほど重要視されていないと言えそうである。フランスの小説家・思想家であるバンジャマン・コンスタンは、こうしたカント的な嘘禁止の論理を当時において早くも問題視した。例えば、人殺しが私の友人を追いかけていて、私がその友人を私の家にかくまっているとする。もし人殺しが私に対し「友人を家にかくまっていないか」と尋ねた場合、私は友人をかばって嘘をつくことができないのか、とコンスタンは批判した。この批判が自分に向けられたものだと受け止めたカントは、一七九七年に『人間愛から嘘をつく権利なるものについて』という小論を書いて、次のように反論している。

しないですますわけにはいかない言表における真実性は、たとえその結果として自分や他人にどんな大きな不利が生じようとも、万人に対する人間の形式的義務である（VIII 426）。

カントによれば、「言表における真実性」すなわち嘘をつかないことは、「すべての諸義務の基礎とみなされねばならない義務」であり、「それにたとえほんの少しでも例外を認めると、ぐらついて役に立たなくされてしまう」（VIII 427）。ここでは、友人、つまり他者が抱えている個別的文脈（人殺しに追われているという事実）が脇へと追いやられてしまい、「万人に対する人間の形式的義務」がまず重要視されている。

晩年のカントの議論にこれ以上深入りすることは避け、とりわけ批判期のカント倫理学に特徴的なこの種の形式主義的側面にのみ目を向けるとするなら、確かに個別的な他者への応答がそこには欠けているかもしれない。実際、伝統的なカント批判もそう語ってきた。では、カント倫理学には見出されないと言われてきた個別的な他者への応答は、どのようにして可能なのか。この応答を可能にするような先に述べた「別の思考」を加藤泰史は、ドイツの著名な社会哲学者であるアクセル・ホネットによる次のようなまとめを引きながら、「ケア」概念のうちに見出している。ホネットによれば、「他者の話にじっと耳を傾けることのできる能力、感情をともなう慈しみへの心構え、そして最後に人格的な特性を許容しさらに励ましさえする能力〔……〕、そうしたすべての振る舞い方は現在「ケア」という概念で一括されているものである」（Honneth 2012：146＝二〇〇五：一五九、訳文変更）。そして、「他者の個別性に対する受容的な感受性や他者に対する責任といった問題は「ケア（Care/Fürsorglichkeit/Fürsorge）の観念に収斂する」と語られるのである（加藤 二〇〇四：一二六）。なるほど、「自律」を掲げる倫理学を以上のように批判して「他者の個別性」に誠心誠意応答しようとするケア論的視点は非常に重要な意義を持っており(2)、通常「自律」を称揚するとされるカント哲学にとっても、十分に検討の余地のあるものであろう(3)。カント哲学は「他者の個別性」にどのように応答し得るのであろうか。カント哲学には個別的な他者へと応答し得る理論的余地は残されていないのであろうか。こうした問題意識のもとで、次節以降では、カント哲学のなかに――より正確には、カント哲学の解釈上の展開のなかに――個別的な他者へと応答し得る理論的可能性を見出していくことが目指される。

2 カント哲学に見る個別的なもの

1 有機体論に見る個別的なもの

カントは、自身の哲学体系の一体どこで「個別的なもの」に関する議論を展開しているのだろうか(4)。カント研究者であるフォッセンクールによれば、カントにとって「判断力」――「反省的判断力」（reflektierende Urteilskraft）を指す――こそが「個別的なもの」すなわち「個物を理解する能力」である。そして、カントがこの「反省的判断力」を主題化した著作『判断力批判』（1790）の第二部「目的論的判断力の批判」において「個別的なもの」に関する理論が明確に展開されていると言われる（フォッセンクール 一九九八：一五八～一五九）。「反省的判断力」には、「美感的判断力」（ästhetische Urteilskraft）と「目的論的判断力」（teleologische Urteilskraft）の二種類があるが、第二部「目的論的判断力の批判」では、後者が扱われる。以下ではまず、この第二部の内容を本節での議論に関わる限りで確認しよう。

『判断力批判』の第二部「目的論的判断力の批判」では、主に『純粋理性批判』で主題化された機械論的な自然とは区別されるような、目的論的で有機体的な自然の特徴が検討される。ここで言われている機械論的な自然物とは、例えば、土や石や鉱物などのいわゆる無生物のことである。他方で、有機体的な自然物とは、例えば、木や花や動物などのいわゆる生物のことである（McFarland 1970：95ff. ＝一九九二：一一五以下）。なるほど、我々は、同じ自然物であるとはいえ、こういった生物と無生物とをまったく別種の存在だと見なしているであろう。では、カントの考える無生物と生物との違いとは何なのか。ここで無生物としての石と生物としての木とを例に取ってみると、カントの考えでは、石を構成している諸部分はまったくデタラメに寄せ集められているのに対して、木を構成している諸部分は、あたかもその木が全体としてどのようなものであるべきかという目的に従っているかのように、関係づけられているとされる。木は、例えば葉や幹や根といった諸部分から構成されている。これらの諸部分は、なるほど全体としての木が産み出したものではあるが、逆に言えば同時に、全体としての木の生命維持に貢献してもいる。葉が落ちてしまえば木は光合成ができないし、幹が折れてしまえば木は立っていられないし、根が張っていなければ木は土壌から水分を吸えない。こうなると、木は枯れ、自らの生命を維持できなくなってしまう。さらに、木のような有機体の特徴として、有機体の或る部分が損傷して失われても、他の部分が失われたその部分の役割を代替して、結果として有機体全体の生命維持を可能にするということが挙げられる。葉が一枚落ちても、残りの葉がその役割を代替して木全体の生命維持を遂行するであろう。以上の内容を、カント自身も、木を例に取って説明している。

> 葉は、木の産物ではあるが、それでも逆に木を維持している。というのも、落葉は繰り返し起これば、木を枯れ死させるであろうし、また木の生長は葉が幹に及ぼす作用に依存しているからである。これらの被造物が損傷を受けた場合には、これらの自然の自助が生じ、ここでは、隣接した諸部分の維持に必要な或る部分の欠損が残りの諸部分によって補充される（V 372)。

このように、葉や幹や根といった諸部分は、木という全体の生命維持に貢献している。また、これらの諸部分に欠損が生じても、残りの諸部分がその役割を代替して全体の生命維持を継続するなど、諸部分のあらゆる活動は全体の維持のために行われる。なお、ここでさらに重要なことは、葉や幹や根が、全体としての木の生命維持に貢献している限りでのみ、自らの存在の意味を確保できる点である。もし全体としての木が枯れてしまえば、その部分たる葉も幹も根も存在しなくなる、あるいは、存在する意味を失ってしまうのである。こうした観点からすれば、諸部分は、自らが奉仕する全体に対する関係のもとでのみ可能であることになる。カントは、次のように語る。

> 自然目的［＝有機体］としての物に対して**第一に**要求されるのは、諸部分〔……〕が全体に対するこれらの関係によってのみ可能である、ということである［強調は原文］（V 373)。

諸部分である葉や幹や根は、全体としての木に依存している。もし木全体が枯れてしまえば、部分としての葉も幹も根も生きていけない。全体としての木があるからこそ、部分としての葉や幹や根もある。全体としての木のためにこそ、葉や幹や根が存在し、自らの存在の意味を主張し得る。全体があるからこそ、部分に意味が生じてくるのである。

2　個別的なものを理解する――フォッセンクールのカント解釈から

さて、有機体をめぐる以上のような議論(5)を、有機体論に限定された狭い理論枠組みを離れて、より広く「個別的なもの」に関するカント独自の理論として読み込んでいるのが、フォッセンクールである。彼によると、カントは、諸事物が「個体として認識されうるのは、それらが普通の場合にはある全体の部分として機能する場合に限る、ということを強調している」という(フォッセンクール 一九九八：一六四)。なるほど、前項で確認したように、有機体においては、諸部分が全体に奉仕し、全体があるからこそ諸部分に存在の意味が生じてくるのであった。これと同様に、一般に個体の意味というものは、その個体が全体の一部分として機能している場合にのみ、生じてくるとされるのだ。例を挙げよう。個体としての帽子は普通、誰かの頭を覆うものとして立ち現れて初めて帽子という意味を持つことになる。たとえ客観物としては帽子であったとしても、子どもがそれにいっぱいの落ち葉を集めて駆け寄って来たとしたら、それはもはや帽子ではなくカゴという意味を持って立ち現れているであろう。また、個体としての葉は普通、木という全体のなかに位置づけられて初めて、葉という意味を持つことになる。たとえ客観物としては葉であったとしても、その一枚が木からは離れて詩集の或るページにふと差し挟まれていたならば、それはもはや葉ではなくて枝折りという意味を持って立ち現れているであろう。このように、個体は普通、或る全体的な文脈のなかに位置づけられて初めて、個体としての意味を生じさせる。

なお、ここで言われている「全体」は「目的」と言い換えても構わない。すなわち、カントは「個体の意味は目的によって規定され、そうした個体は事実的なかたちないしは潜在的なかたちである全体の部分となっていることでこの目的を果たしている」と論じている。具体的に言えば、「帽子の目的は誰かの頭を覆うことにあり、〔……〕葉は木々や草花に対して様々な目的を果たしている。それぞれの全体はある目的を表現しており、全体の部分はこうした目的に対して合目的なのである」(フォッセンクール一九九八：一六四)。帽子は、頭を覆うという「目的」に適っている、すなわち「合目的」的であるし、葉は、木々等の全体を維持するという「目的」に適っている、すなわち「合目的」的である。個別的なものが何らかの意味を帯びて生じてくるためには、まずもって「合目的性」(Zweckmäßigkeit) という観念が必要なのである。個別的なものは、何らかの「目的」を前提し、その「目的」に適っている (＝「合目的性」を持つ) 限りで初めて、独自の意味を持って立ち現れるとされる(6)。

だが、個別的なものが立ち現れるためには、どうしても何らかの「目的」が前提されなければならないのだろうか。「目的」とは無関係に立ち現れてくるような個別的なものは、本当に存在しないのであろうか。こうした疑問が、当然浮かんでくるであろう。次節では、こうした疑問に対する一つの回答を、アレントのカント解釈を手掛かりに見出してみたい。彼女は、如何なる「目的」にも回収されずに個別何なのか。

的なものとして立ち現れてくるものが存在すると考える。彼女が指摘するその個別的なものとは、一体

3 個別的な他者を理解する——アレントのカント解釈へ

1 目的論への批判

ドイツ系ユダヤ人の政治哲学者ハンナ・アレントもまた『カント政治哲学講義録』(1982) のなかで、カントの『判断力批判』に依拠しながら(7)、「個別的なもの」についての議論を展開している。そして、前節で確認したフォッセンクールと同様の結論にまずは到達する。彼女は、次のように述べる。

個別的なものの価値を決定するには、第三の何か、あるいは比較のための第三項、つまり、二つの個別的なものに関係づけられているものの、そのいずれからも区別される何かが必要になるのです（Arendt 1992 : 76＝二〇〇九：一四〇〜一四一、訳文変更）。

「個別的なもの」、例えば一枚の葉の価値や意味を決定するためには、「二つの個別的なもの」、例えば葉や幹に関係づけられてはいるが、そのいずれからも区別されるような「第三項」が必要となる。先に見たようにフォッセンクールのカント解釈では、この「第三項」が「全体」としての木であり、この木の生命を維持するという「目的」であったわけであるが、アレントがこの「第三項」としてまず言及す

るのもやはり「目的」であり、「目的」に適っていることを指す「合目的性」の観念である。彼女は、次のように言う。

『判断力批判』のなかには、合目的性という観念も見出せます。自らを現実化するための根拠を必要とし、かつ、それを自らのうちに含む個別的なものとしてのあらゆる対象には、何らかの目的がある、とカントは述べています（Arendt 1992：76＝二〇〇九：一四一、訳文変更）。

カントに従えば「個別的なもの」が「自らを現実化するため」には「何らかの目的」が必要になる。フォッセンクールと同様に、アレントもまたカントの議論をまずはこのように受け止める。ところが、アレント自身はこうした議論に批判的である。というのも、何らかの「目的」があって初めて、それに貢献するものとして「個別的なもの」が成立するならば、そのとき「個別的なもの」は、この「目的」のための「手段」に貶められる可能性があり、ともすれば「有用性」という基準に絡め取られてしまう危険性があるからだ（川崎 二〇一四：三二三以下）。なるほど「有用性」という基準には利点もあるけれども、世界中のあらゆるものがこの「有用性」という基準によってのみ測られ、何らかの「目的」のための「手段」や、特定の「目的」のための何物か、としてだけ評価されてしまうとしたら、世界は寒々しい場所と化すであろう。そうではなく、自らに先立つ何らの「目的」も有さないような何かや、無目的な何か、目的のない何か、が個別的なものとして存在し得る可能性も認められるのではないか。彼女は、そう考えている。

2 個別的な他者を理解するということ

それでは、自らに先立つ何らの「目的」も有さないような何か、無目的な何か、目的のない何か、とはどういう存在なのであろうか。

目的のないように見える対象はもっぱら、美感的（aesthetic）対象、そして人間だけです。この両者については「如何なる目的のために」と問うことはできません。というのも、両者とも何かにとっての有用物ではないからです（Arendt 1992：76＝二〇〇九：一四一、訳文変更）。

このように、「目的のないように見える対象」として、彼女は「美感的対象」と「人間」とを挙げる。例えば、芸術家が創り出す美しい芸術作品は、「有用性」という観点からすれば何の役にも立たない場合もある。観る人によってそれは、ガラクタに過ぎないように思えるかもしれない。だが、そもそも芸術作品は「有用性」を基準に創られていない。したがって、それが「如何なる目的のために」あるのか、「何のために」あるのかと問うこと自体がナンセンスである。芸術作品は、他の何かのためにあるのではなく、そのもの自体に存在価値があり、いわばそのもの自体のために存在している。彼女は、次のように語る。

カントの用語で言えば、美しいものは目的それ自体です。なぜなら、美しいもののすべての可能な意味は、美しいもの自体のうちに含まれており、他のものを参照しない――言ってみれば、他の美しいものとの繋がりを持たない――からです（Arendt 1992：77＝二〇〇九：一四二～一四三、訳文変更）。

「美しいものは目的それ自体」であると語られている。美しいものの意味は、美しいもの自体のうちに含まれており、美しいものは、それ自体で意味がある。そして、それ自体で意味があるからこそ、美しいものは、他のものを参照しなくて済み、他の美しいものとの繋がりを持たなくて済む。例えば、私の目の前にあるこのバラは美しいが、このバラが美しいのは、先日花屋の店先で見たあのバラが美しかったこととは関係ない。このバラが美しいのは、あのバラが美しかったこととはまったく無関係であり、このバラは、あくまでもこのバラとして美しいのであって、他の美しいものとは無関係に美しいのである。美しいものは、このようにいつも「個別的なもの」として美しく、それ自身で意味や価値を持っている。美しいものをめぐる以上のような議論は、『判断力批判』第一部「美感的判断力の批判」でのカントの議論と通ずる。「目的論的判断」と並ぶ「反省的判断」のもう一つの形態としての「美感的判断」は、カントによれば、常に「個別的判断である」［強調は原文］（V 215）と言われる。美しいものの価値を判定する判断は、常に今ここにあるこれの価値を問題としているのである(8)。よく指摘されることだが、アレントは、こうしたカントの「美感的判断力」論を自身の「政治的判断力」論へと応用している。「美感的判断力」は、芸術作品やバラなどの個別的な「美感的対象」の価値を判定するだけでなく、人間の個別的な生など「公共空間」で織り成される広い意味での政治的事象の価値をも判定する。人間の個別的な生もまた「有用性」によってのみ評価されるべき対象ではない。或る人間が生きて活動するのは、他の何かのためではなく、その活動自体のためであることが多くある。政治哲学者の齋藤純一によれば、「アーレントの描く公共的空間は、人間を有用かどうかで判断する空間ではない。〔……〕それは、共通の尺度で測ることのできないもの、共約不可能なものの空間である。なぜなら、一人一人の生は他に還元することのできない「比類のない」(unipue) ものだからである」(齋藤 二〇〇〇：vii)。アレントは、「有用性」という尺度で測ることのできない「比類のない」ものとして、個別的な人間一人ひとりの生を捉えていた。彼女は『人間の条件』(1958) のなかで次のように述べている。

公共空間は、個別性のために保持されていた。それは、人々が自ら誰 (who) であるかをリアルでしかも交換不可能な仕方で示すことのできる唯一の場所であった (Arendt 1998：41＝一九九四：六五、訳文変更)。

アレントにおいて「何」(what) と「誰」(who) とは区別される。「何」とは、例えば医者とか教師のような、その人の社会的地位を指している。社会的地位は、共約可能で一般化可能である。医者はたくさんいるし、教師もたくさんいる。したがって「私は医者である」「私は教師である」と言ったところで、その人は自分の個別性や固有性を主張したことにはならない。加えて、「何」の次元では、人間は「手段」化される。患者は医者を健康維持のための「手段」として扱うし、学生は教師を勉学のための「手段」として扱う。またそこでは「手段」としての「有用性」も問われる。有用な医者、有用な教師が問題とされる。ところが、「誰」の次元では、こうしたあらゆる「手段」化が廃され、共約不可能で個別的なその人らしさが問題とされる。アレントにとって「公共空間」は、この「誰」がお互いに現われる空間なのである。

人々は、活動と言論において自分が誰であるかを示し、他に比類のないその人のアイデンティティを能動的に顕わにし、人間の世界に現われる（Arendt 1998 : 179＝一九九四：二九一、訳文変更）。

以上が、「公共空間」、すなわち、人々が「誰」として互いに現われる「現われの空間」の特徴である。そして、さらに重要な点は以下である。「アーレントには、「現われの空間」を美的な空間として描く傾向がある。〔……〕「誰」は「何」とは異なって共約不可能である。〔……〕共約不可能なもの、一般化不可能なものは、美的な尺度によって評価するほかはない」（齋藤 二〇〇〇：四四）。共約不可能で一般化不可能である比類のないその人らしさ、純然たる個別的なものとしての「誰」を評価するためには、「美感的判断」が必要なのである。以上のようにアレントは、一方ではカントの目的論的な議論を批判しつつも、他方ではカントの「美感的判断」を、純然たる個別的な他者を理解し評価する判断として自らの理論のなかに組み込んでいる。個別的な他者の意味や価値は、「美感的判断」によって捉えられるのである(9)。

おわりに――反省的判断力の「自己自律」の方へ

個別的なものに関する哲学的探究を進めるに際して、フォッセンクールもアレントも、カントの「反省的判断力」に依拠していた。すなわち、フォッセンクールは「反省的判断力」のうちの「目的論的判断力」に、アレントは「反省的判断力」のうちの「美感的判断力」に、自らの探求の手掛かりを求めたのである。なるほど、彼らの思索は、厳密に内在的な意味でカントの思索に沿ったものではないかもしれない。カントは、有機体論や目的論、美感論等を提出したのであり、直接的な意味で個別的なもの一般に関する理論や政治理論について構想したのではなかったかもしれない。とはいえ、フォッセンクールやアレントが、カントの「反省的判断力」の理論に強いインスピレーションを受けて、自らの哲学的探究の拠り所にしようとしたことは、まぎれもない事実である。ここに、カント哲学が有する奥行きや解釈可能性の豊かさを見て取ることも可能であろう。

さて、こうしたカント哲学の批判的継承のなかから、私たちは何を学び取ることができるであろうか。「意志の自律」に対する批判を考察の端緒として、私たちは今「反省的判断力」の問題圏へと踏み入った。ここから「自律」概念に対するどのような展望を獲得することができるであろうか。本章で最後に注目したいのは、「反省的判断力」の「自己自律」(Heautonomie) という考え方である。

カントの「自律」概念は、実は多義的であり、「意志の自律」に限られない(田村 一九八九：六一以下)。『判断力批判』の「序論」及び「第一序論」では、「心の上級能力」が三つに分類され、それらはいずれもアプリオリに立法的で「自律」しているとされる。すなわち、概念的な「認識能力」としての「悟性」（＝狭義の「悟性」）の「自律」と、道徳的な「欲求能力」としての「理性」の「自律」と、「快・不快の感情」を引き起こす「反省的判断力」の「自己自律」が語られるのである（V 198, XX 245）。これら三つのうち「理性の自律」は「意志の自律」に等しい。自らが自らに法則を与えるという「自律」の意味から三つの次元が提出されるとき、一八世紀ドイツを生きたカントは、とりわけ「理性の自律」（＝「意志の自律」）を重視した。ところが、そこには問題点もあった。この問題点についてすでに検討した私たちとしては、三つ目の反省的判断力の「自己自律」の方に——あるいは少なくとも、反省的判断力との関わりのなかで「理性の自律」を問い直す方に(10)——肯定的な可能性を見出すことはできないであろうか。

反省的判断力は、こうした超越論的原理を自分自身だけにみずから法則として与えることができるのであって、他からこの原理を採ってくることはできない（V 180）。

判断力は、反省の諸条件に関してアプリオリに立法的であり、自律を証明する。〔……〕この立法は、本来は自己自律と名づけられるべきであろう〔強調は原文〕（XX 225）。

もちろん「理性の自律」や「悟性の自律」それ自体にも豊饒な可能性を見て取ることができるかもしれない。だが、本章での議論を通して、とりわけ「反省的判断力」には、個別的な他者へ応答し得るような理論的可能性が含まれていることが確認された。カントが懸命に思索した一八世紀以降、歴史上の様々な悲劇を含め、人々が経験を重ねていくなかで、いわゆる「近代」に対する批判的な問い直しが各方面で進められてきた。こうした批判的な論点の一つとして、個別的な他者へ応答する必要性も語られたのである。多文化主義的主張をも背景として、現在でも、異質な他者・個別的な他者との共生のあり方が模索されている。こうした動向に対して、カントの提示した「反省的判断力」は、有益な手掛かりを提供してくれるであろう。なぜなら、「反省的判断力」は、まさに個別的な他者への応答可能性を含んでいたからである(11)。さらに、「反省的判断力」に即して、私たちは「自律」についても語ることができた。「近代」が批判されたからといって、私たちは「自律」という考え方を丸ごと廃棄してしまうわけにもいかない。自ら考え行動するという「自律」の意義は、徹底的な批判を経た後でも、やはり一定の範囲内で認められるであろうからだ。では、どのように考えるか。「反省的判断力」が、ここでも有益な手掛かりを与えてくれるであろう。「反省的判断力」は「自律」した判断力でもあったのである。つまり、私たちは「反省的判断力」に即して「自律」できる。以上のように「反省的判断力」という考え方を基盤として、私たちは、個別的な他者へ応答しつつ、自ら考え行動する「自律」した存在ともなることができるのである。

【註】

1　宇都宮芳明によれば、「この場合の「悟性」とは、たとえば『純粋理性批判』で、「推理の能力」とされる「理性」や、「判断の能力」とされる「判断力」から区別された「概念の能力」という狭義での「悟性」ではなく、そうじて直観能力から区別された「思考能力」（Vermögen zu denken）（VII 196）と見ることができるから、「自分の悟性を使用せよ」とは、つまりは「自分で思考せよ」、「自分で考えよ」、ということである」（宇都宮二〇〇六：三二）。

2 「ケア」概念が本来的に持つ理論的射程の広さに関しては、第Ⅱ部4章を参照。本章ではそのうち「他者の個別性」への応答という論点に焦点を絞る。

3 ケア論からの批判に応答するカント研究も存在する。加藤泰史は、カントのÜbertragungstheorieを他者の根源的な現出を記述した理論として読むことで、「自律」を基盤として初めて「ケア」が成立することを論証している（加藤二〇〇四）。また、稲垣恵一は、「徳論としてのカントの倫理学がケアの倫理の側面を持つ」と論じている（稲垣二〇〇八：一二九）。

4 青木茂によれば、カントは〈個体＝単純実体＝かけがえのないもの〉という伝統的な個体観を形而上学的独断論として退け、まず『純粋理性批判』において近代自然科学的世界の諸項を構成する〈個体＝現象的個体＝かけがえのあるもの〉という個体観を打ち立てた。そのうえで『純粋理性批判』の「弁証論」を介して、特に『判断力批判』において、有機体や美感的対象にこの現象的個体とは異質な個体の有様を見出した（青木一九八三）。本章では、この有機体や美感的対象を取り扱う。なお、伝統的な個体観やライプニッツの個体観からカントの『判断力批判』の個体観への理論的展開に関しては酒井潔の研究（酒井二〇一三：五一以下）も参照。

5 なお、部分が全体との関係のもとでのみ可能であるという以上のような特徴に加えて、有機体が持つ第二の重要な特徴として、部分が互いに原因と結果の関係を形作りお互いに産出し合うことが挙げられる（V 373）。この第二の特徴は、時計のような技術作品と有機体とを区別する非常に重要な特徴だが（V 374）、後のフォッセンクールおよびアレントの議論との接続に関する限りでは、技術作品と有機体との区別はそれほど問題にならないため、ここでの詳細な言及は避ける。

6 フォッセンクールによれば、物事を「合目的的に見る」と言っても、その「目的」は、積極的なものである必要はなく、消極的なものでも構わない。「あるものが目的を持たないという洞察そのものが、それらへの目的を持った接近を前提している」（フォッセンクール 一九九八：一七四〜一七五）。この観点で言えば、次節のアレントの議論も、消極的な意味では「目的を持った接近を前提している」ことになる。

7 ただし、アレントのカント解釈に対しては、問題点も指摘されている。まず、カント自身の文脈では、善悪の判断はやはり実践哲学の主題だという（アレント自身も意識してはいた）基本的な批判が、常識的に存在する（千葉 一九九六：二四二、川崎 二〇一〇a：七一など）。善悪の判断は実践哲学で、美の判断は美感論でというこの領域区分は、カントの美感論が「趣味」の本来有していた実践哲学的含意を切り詰めて脱政治化し「主観主義化」してしまったとする、ドイツの哲学者ガダマーのカント批判とも通ずる（Gadamer 1975：37ff. = 一九八六：五八以下）。ガダマーのこの批判に対しては、カント研究者の牧野英二からアレントに依拠した反批判がなされているが、他方でアレントのカント解釈の諸問題も同時に指摘されている（牧野 一九九六：五二以下）。カントとアレントの関係をめぐっては、氏の別の著作（牧野 二〇〇三など）も参照。また、アレント研究者の川崎修は、ガダマーの批判に依拠しつつ、アレントの「共通感覚」概念をカントのそれより「実体的な共同体」に基礎を置くものとして区別している（川崎 二〇一〇b：二〇三〜二〇四）。さらに、アレント研究者の金慧は、アレントとカントにおける「反省」概念の差異を明らかにしつつ、アレントがカントに依拠できたのはカントの「反省」概念が曖昧で解釈の余地があったからだと述べる。また、「普遍性」と「一般性」とを区別し、カントが「普遍性」を求めたのに対してアレントは「一般性」のみを要求し「普遍性」を放棄したことで「複数性」を確保しているとしている（金 二〇〇八）。加えて、『カント政治哲学講義録』の編者でもあるロナルド・ベイナーは、アレントの理論を批判的に継承するなかで、カントの美感的判断力論をアリストテレスのフロネーシス論によって補完するという仕方で独自の政治的判断力論を展開している（Beiner 1983＝一九八八）。

8 なお、カント自身が「美」を「目的それ自体」として概念規定しているわけではない点には、注意が必要である。カントの用法では、通常「美」は「目的それ自体」とは語られず、「合目的性の形式」と定義づけられる。「美は、或る対象の合目的性が或る目的の表象を持たず対象について知覚される限り、この対象の合目的性の形式である［強調は原文］」（V 236）。「目的それ自体」は、カントにおいてはむしろ、実践哲学の文脈のなかで「人格における人間性」に対して使われる言葉である。カント研究者の田原彰太郎によれば、「目的それ自体」とは「目的・手段連関という価値系列の極限において想定された目的」であり、「手段化されることのない目的」であるため「絶対的価値」を有するような「自由」な存在である（田原 二〇一二：二一九、二二一）。ただし、カント自身の文脈において、こうした「目的それ自体」としての「人間性」を有した「人格」は、青木茂も述べているように「普遍者であって個別者ではない」。「ここで問題となっているのは道徳的人格の普遍性であって積極的に評価されるべき人間一人一人の個性ではない」のである（青木 一九八三：五六〜五七）。アレントは、こうしたカント自身の文脈での「目的それ自体」の意味を、道徳的領域でのそれから美的領域でのそれへと巧みにずらすことで、或る意味ではカントを超えて、個別的なものとしての人間一人一人の個性へ応答しようとしていると言えるだろう。

9 なお、本章では、アレントの政治哲学が持つ教育学的含意について十分触れることができなかったが、アレントの政治哲学が有する現代的意義を教育学的問題構成のなかで論じた先駆的研究として小玉重夫の一連の研究を挙げることができる（小玉 二〇一三等）。

10 牧野英二は、実践理性とともに働く「実践的判断力」が「反省的判断力の働きを予想し、かつ前提している」と論じる（牧野 一九九六：一六五）。また、教育哲学者の山口匡も、牧野と同様の観点に立ちつつ、こうした判断力論が有する人間形成論的意義に注目している（山口 二〇〇三）。

11　カント研究者の知念英行も、本章とはまた異なった「判断主体」としての「他者」という観点に注目しながら、「反省的判断力」の「自己自律」に関して次のように語っている。「判断主体の自律の問題は、意志の自律のそれとはちがって、他者が存在する中で、すなわち公共性の空間で現象する問題へと切り換えられていく」（知念 一九八八：一三七）。

【文献表】

本章中のカントの著作からの引用は、アカデミー版の全集 *Kant's gesammelte Schriften*, herausgegeben von der Königlich Preußischen Akademie der Wissenschaften に拠る。ローマ数字で巻数を、アラビア数字で頁数を示す。なお、訳出に関しては、岩波書店版の『カント全集』を適宜参照した。ただし、一部表現を変えた箇所もある。

Arendt, H.（1998［1958］）*The Human Condition*, 2nd ed., Introduction by Canovan, M., Chicago, The University of Chicago Press. ＝（一九九四）『人間の条件』志水速雄訳、ちくま学芸文庫。

Arendt, H.（1992［1982］）*Lectures on Kant's Political Philosophy*, Edited and with an Interpretive Essay by Beiner, R., Chicago, The University of Chicago Press. ＝（二〇〇九）『完訳　カント政治哲学講義録』仲正昌樹訳、明石堂書店。

Beiner, R.（1983）*Political Judgment*, London, Methuen & Co. Ltd. ＝（一九八八）『政治的判断力』浜田義文監訳、法政大学出版局。

Gadamer, H.-G.（1975）*Wahrheit und Methode. Grundzüge einer philosophischen Hermeneutik*, 4 Auflage, Tübingen, J.C.B. Mohr. ＝（一九八六）『真理と方法Ⅰ』轡田収他訳、法政大学出版局。

Hegel, G. W. F. (1971) *Vorlesungen über die Geschichte der Philosophie III*, Frankfurt am Main, Suhrkamp. ＝（一九九七）『ヘーゲル全集14c 哲学史 下巻の三』藤田健治訳、岩波書店。
Honneth, A. (2012) *Das Andere der Gerechtigkeit*, 5 Auflage, Frankfurt am Main, Suhrkamp. ＝（二〇〇五）『正義の他者』加藤泰史・日暮雅夫他訳、法政大学出版局。
McFarland, J. D. (1970) *Kant's Concept of Teleology*, Edinburgh, University of Edinburgh Press. ＝（一九九二）『カントの目的論』副島善道訳、行路社。

＊

青木茂（一九八三）『個体論の崩壊と形成――近世哲学における「個体」の研究』創文社。

稲垣恵一（二〇〇八）「カント倫理学のケア倫理的読解への一考察――クーゼの安楽死容認論を手がかりに」名古屋大学人間情報学研究科情報創造論講座編『Nagoya Journal of Philosophy』七号、一一七～一三四頁。

宇都宮芳明（二〇〇六）『カントの啓蒙精神――人類の啓蒙と永遠平和にむけて』岩波書店。

加藤泰史（二〇〇四）「自律とケアの間――「倫理学的転回」の中のカント哲学」関西哲学会編『アルケー』一二号、一二五～一四四頁。

川崎修（二〇一〇a）『ハンナ・アレントの政治理論――アレント論集Ⅰ』岩波書店。

川崎修（二〇一〇b）『ハンナ・アレントと現代思想――アレント論集Ⅱ』岩波書店。

川崎修（二〇一四）『ハンナ・アレント』講談社学術文庫。

金慧（二〇〇八）「判断力をめぐるカントとアーレントの差異――「反省」概念を手がかりに」早稲田大学大学院政治学研究科編『早稲田政治公法研究』八八号、三五～四三頁。

小玉重夫（二〇一三）『難民と市民の間で――ハンナ・アレント『人間の条件』を読み直す』現代書館。

齋藤純一（二〇〇〇）『公共性』岩波書店。

酒井潔（二〇一三）『ライプニッツのモナド論とその射程』知泉書館。

田村一郎（一九八九）『ドイツ観念論における「自律思想」の展開』北海道大学図書刊行会。

知念英行（一九八八）『カントの社会哲学――共通感覚論を中心に』未來社。

千葉眞（一九九六）『アーレントと現代――自由の政治とその展望』岩波書店。

フォッセンクール、W（一九九八）「個物を理解する――判断力の主観性と志向性について」伊古田理訳『カント・現代の論争に生きる（上）』理想社、一五七～一八六頁。

牧野英二（一九九六）『遠近法主義の哲学――カントの共通感覚論と理性批判の間』弘文堂。

牧野英二（二〇〇三）『カントを読む――ポストモダニズム以降の批判哲学』岩波書店。

田原彰太郎（二〇一二）「目的自体とは何か――目的自体の方式を理解するために」日本カント協会編『日本カント研究13　カントと形而上学』理想社、二一三～二二九頁。

山口匡（二〇〇三）「実践的判断力の反省的次元とその人間形成論的意義――アレント＝ベイナーのカント批判から」『愛知教育大学研究報告（教育科学編）』五二号、一一九～一二七頁。

第4章

「ケア」は「自律」を超えるか？

■教育目的論からの検討

尾崎博美

はじめに――教育目的論における「自律」を問うとは

本章の目的は、「ケア」論における「自律」批判に基づき、教育目的として「自律」を掲げることが今後も可能かどうか、その課題と意義を問うことにある。特に、本章で検討の対象とするのは、文言として掲げられる「教育目的」ではなく教育実践の「当たり前」の現象の中に埋め込まれた「教育目的」としての「自律」である。

そもそも、「教育目的」とは何か。わが国の教育における基本理念を示した教育基本法をひもとくと、第一章第一条「教育の目的」に「教育は、人格の完成を目指し、平和で民主的な国家及び社会の形成者として必要な資質を備えた心身ともに健康な国民の育成を期して行われなければならない」とある。さらに、同第二条第二項に「自主及び自律の精神を養う」という「自律」に関する文言があり、同第三項には「自他の敬愛と協力を重んずる」という「ケア」に関連するとみなしうる文言もある。教育基本法の文言を踏まえると、日本の教育を論ずる上で「教育目的」、そしてその中でも特に「自律」は極めて重要な位置づけをなされているようにみえる。

しかしながら、日常的な教育現場において、「教育目的」はどれほど意識されているだろうか。教育学の中でしばしば目にする批判は、「教育目的」として掲げられる文言があまりにも抽象的であり、その結果として現実の教育実践を導く実行力を失っている、というものである。それゆえ、「教育目的」として掲げられる文言のみを問題にする限り教育目的論はあまり有益な議論とはなりえない。たとえ教育基本法の文言にある「自律の精神」を「自律とケアの精神」へと書き換えたところで実際の教育現場は何ら変化しない、とみなされるからである。

そこで、「教育目的」について文言以外の水準に着目してみる。それは、現実の教育実践を想定したり評価したりする際に用いられる枠組みの中に埋め込まれている「教育目的」である。たとえば、学校教育で行われるテストは通常「一人」で受ける。テストの結果である点数も「一人」に与えられる。テストの際に友達と教え合うようなことがあれば、それはカンニングという不正行為としてみなされる。ここには、学校のテストで測定する能力は「一人」の個人の中にあり、その個人が「一人」で発揮できるものという前提がある。つまり、学校のテストという仕組みの前提には、「一人で発揮できる能力を身につける」という「教育目的」が埋め込まれており、それゆえに、学校のテストを「一人」で受けることは教育実践のなかで「当たり前」の現象としてみなされているのである。

「ケア」論は、この「当たり前」に対して、教育を通して「一人」のなかで完結する能力の育成を目指すことや、「一人」を前提として人間や社会の営みを想定することの限界を指摘する。その指摘は、従来の「一人」という前提をどのように捉え直すのか、その上で人間の能力や社会の営みをどのように新たに想定しうるのかを問うことを求める。すなわち、「教育目的」を問う視座としての「ケア」論は、「ケア」がなぜ教育の目的として望ましいかよりも、むしろ従来の「教育目的」として教育実践に埋め込まれてきた「正義」「自律性」「科学」「合理性」を問うことを趣旨とする。

そこで本章では、始めに「ケア」論における「ケア」概念の特徴を確認し、「ケア」と「教育目的」としての「倫理」や「知性」との関係性に関する論点を整理する。その上で、従来の「教育目的」として想定されてきた「正義」「自律性」「科学」「客観性」といった諸要素の捉え直しを試み、「ケア」論の観点から「教育目的」としての「自律」をどのように想定しうるかを提示することを目指す。

1 「ケア」論が提示する「ケア」概念の特徴

はじめに、本章で視点とする「ケア」論が提示する観点について若干の整理をしておきたい。心のケア、社会的弱者へのケア、教師のケアリングマインドの必要性等々、「ケア」という言葉は現代の私たちにとって身近な言葉である。しかし、教育学の議論において「ケア」論の主旨を適切に捉えるためには、以下の点を確認しておく必要がある。

1 「自己」の在り方を説明するものとしての「ケア」概念

第一に、「ケア」論が提示する「ケア」は、「他者」に対する「自己」の思いやりや優しさといった心情や行為ではなく、「他者」と「自己」の関係性やその捉え方を示す概念である。「ケア」論者の一人であるメイヤロフ（Milton Mayeroff）は、著書『ケアの本質』で次のように言う。

私が言おうとするケアの意味を、もう一人の人格について幸福を祈ったり、好意を持ったり、慰めたり、支持したり、単に興味を持ったりすることと混同してはならない（Mayeroff 1971：1 ＝ 一九八七：一三～一四）。

前述の指摘は、「ケア」論における「ケア」概念と日常におけるケアの心情・行為とを混同することの危険性を示唆する。同様に、日本の教育学分野で「ケア」論に着目する立山善康は、「ケア」という語が日本では専ら「看護・医療・美容」の分野に限定して使用され、「心情的なニュアンス」で理解されがちであった点を批判する（立山 二〇〇六：一九二）。なぜなら、「心情的なニュアンス」で理解される「ケア」は、主観的・感情的な判断や行為と同一視されるために「自律性」や「合理性」と相反して捉えられるからである(1)。つまり、「ケア」論の要請を、「正義よりも他人への優しさを大事にしよう」「合理的な判断ではなく他人に配慮した判断が必要だ」という主張として捉えるのは、「ケア」論に対する一面的な解釈でしかない。

それでは、「ケア」論における「ケア」は、どのようなものとして想定され、何を求めているのか。

「ケアリング」論者として知られるノディングズ（Nel Noddings）は、著書『ケアリング』において次のように述べている。

倫理的な自己の完成は、部分的ではあるにせよ、あなた、つまり他のひとに依存しているのである（Noddings 1984：48＝一九九七：七六）。

ケアするひとは、ケアされるひと、および、自己を実現するためそのひとといっしょに取り組む仕事のうちに最良の自己を見出す（Noddings 1984：64＝一九九七：一〇二）。

ノディングズは、従来のケアがより善い心情・行為の在り方の規範を示す「美徳（virtue）」の一つとして捉えられてきたことを批判し、「ケア」が「自己」の在り方を説明するものであることを指摘している。この意味において「ケア」論は、「自己−他者」論（自己にとって他者との関係はどうあるべきかを問う理論）ではなく、「自己」論（「自己」とは何かを問う理論）なのである（西田 一九九五、川本 二〇〇五、伊藤 二〇一二）。

さらに、「自己」が「他者」によって――ケアし、ケアされることによって――完成するとすれば、「ケア」は「自己」にとって選択的な判断や行為ではありえない。初めに「他者なき自己」がすでに存在していて、その「自己」が「〜すべきか否か」と選択する対象として「ケア」を捉えることは出来ないのである。こうした「ケア」の選択不可能性について、「ケア」論と正義論の入れ子構造を指摘するキテイ（Eva Feder Kittay）は次のように言う。

> ケアの倫理は、わたしたちはつねに関係性の網の目の中にあり、けっして完全に自立したり、自足的であったりするわけではなく、つねに依存と相互依存の関係を結んでいるのだと主張します（キテイ二〇一一：四七）。

このように「ケア」論は、「ケア」が人間の「自己」そのものにとって基本的条件であることを強調する。それは従来の「自己」の捉え方が「完全に一人で自律・自立可能な自己」を前提する点を批判するだけでなく、「ケア」や「依存」を心情的かつ選択的な判断・行為としてみなす点をも強く批判する。「ケア」論の要請は、「他者とのケア関係において完成する自己」を想定することを通して、「自己」の在り方や「自己」の判断・行為をより適切に捉えることに向けられているのである(2)。

2 「理性」の在り方を説明するものとしての「ケア」概念

第二に、「ケア」論が提示する「ケア」は、倫理的判断のみの基準ではなく、むしろ現実における可能性や卓越性を企図する「合理的」な判断の捉え方を示す概念である。「ケアの倫理」の提唱者であるギリガン（Carol Gilligan）は、著書『もうひとつの声』で「ハインツのディレンマ」問題を検討の対象とし、コールバーグ（Lawrence Kohlberg）らの道徳性発達理論を批判した（Gilligan 1982 = 一九八六）。

さて、【図1】の問題に対する回答Aと回答Bは、どちらがより倫理的に優れた判断だろうか。

図1　「ハインツのディレンマ」問題

ハインツという名の男がいる。彼の妻は命に係わる病気にかかっているが、彼にはそれを治療する薬を買うお金がない。ハインツは薬を盗むべきか否か？

回答A
ハインツは薬を盗むべき。その理由は人間の命はお金よりも尊いから。裁判で有罪になったとしても、判決だって間違うことはある。

回答B
ハインツは薬を盗むべきではないし、奥さんを死なせるべきでもない。お金を知人に借りたりローンを組んだり、何か他に方法があるはずだから。

コールバーグの理論に依拠する場合には、回答Aの方が優れた判断であるとみなされる。回答Aには「形式的な思考をする能力」「論理的方法でものごとを理由づけたりする能力」が示されており、それが回答者に「権威への従属から解き放し、自分で問題の解決をみいだすこと」を可能にしている点が評価されるからである（Gilligan 1982：27＝一九八六：四三）。

これに対してギリガンは、回答Bの判断が①「ケア」「責任」「人間関係」を基準とした判断であること、②ディレンマ問題を完全に論理で完結させることなく現実の文脈のなかで捉えた判断であること、の二つの点を指摘する。①の指摘は「ケアの倫理」として、「ケア」「責任」「人間関係」を基準とした判断に対する評価を高めるべきだという要請として捉えられてきた（尾崎 二〇一〇a）。その要請が、人間の道徳性の発達の道筋が一つではないことを示す「異なる声」の表明であり、異なる評価基準の存在を提示する意義をもつことは間違いない。

しかしながら、ここでは②の指摘に焦点をあてたい。というのも、②の指摘は「ケア」が「～すべき」という倫理的判断を超える視点を有することを示しているからである。ギリガンは言う。

〔回答Bは〕「ハインツは薬を盗むべきか」という問いにたいして、ハインツがこの状況において行動すべきかどうかを考えているのではなく、むしろハインツが妻の要求を知ったことに応じてどのように行動すべきかを考えているのです（Gilligan 1982：31＝一九八六：五〇、傍点原著）。

つまり回答Bは、「～すべきか否か」という倫理的判断としてだけではなく、「どのように～するのが適切か」という問題解決のための判断でもある。回答Bは「現実のなかで実現可能かどうか」「実行した場合のメリット・デメリットはどうか」という観点に立ち、より適切な判断――合理的で実現可能性の高い判断――を導こうとしているのである。

この点に着目すれば、「ケアの倫理」に立つ判断は「合理的な判断（合理性）」と対立的に捉えられるものでは決してないことが分かる。回答Aと回答Bの違いは、「どちらがより合理的な判断か」という程度の違いではなく、それぞれが意図する「合理的な判断（合理性）」における「理（理性）」に対する想定の違いなのである。この違いは二つの点から指摘できる。

一つめの違いは、回答Aにおける合理性が「人間の命は尊い」というただ一つの理論を前提するのに対して、回答Bにおける合理性は「人間の命は尊い」「他者の意思を尊重する」「自分自身を犠牲にしない」という複数の理論を前提する点である。その結果として回答Bは迷いや葛藤を回避しえないが、それは倫理的・合理的な判断をする能力の低さとしてではなく「より適切な解決を導くための努力」としてみなされる（Gilligan 1982：31＝一九八六：五二）。

もう一つの違いは、回答Aが「自分で問題の解決をみいだすこと」のなかで「自分で」という部分に強調点をおくのに対し、回答Bは「問題の解決」に強調点をおく点である。回答Aの依拠する「合理

図2　心情的・選択的な「ケア」論に基づく「教育目的」論の論点

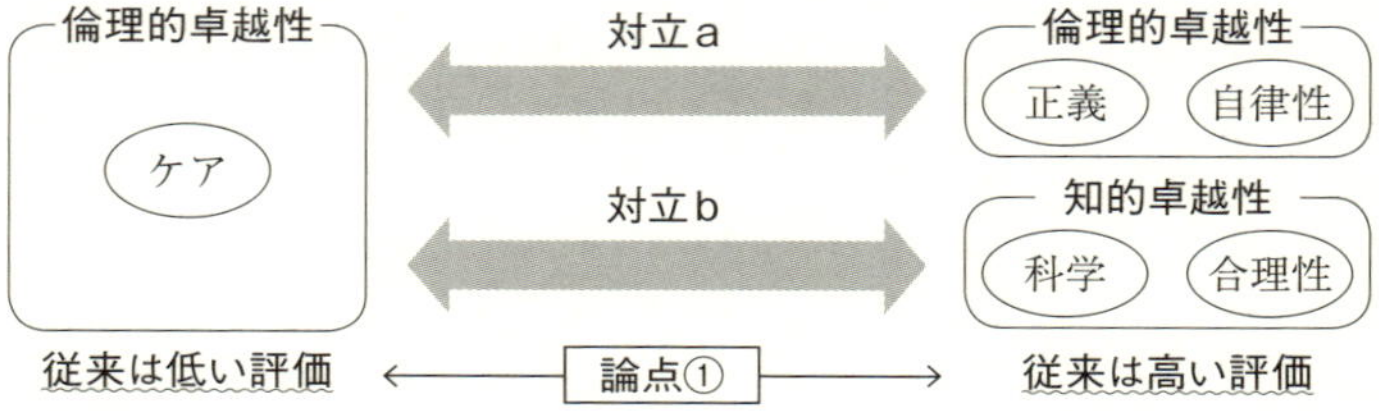

性」は「自分で決める」ことに判断基準があるために、「他者」との間に想定される判断はすべて「非理性的な判断＝権威への従属」となる。これに対して回答Bの依拠する「合理性」は、「問題を解決する」ことに判断基準があるために、「権威への従属」とは異なる「他者」との関わりを想定しうる。端的に言えば、回答Aの「理性」は「自己」の中でのみ機能するのに対し、回答Bの「理性」は「自己」と「他者」の関係性においても機能するのである[3]。

3　「教育目的」を問う視座としての「ケア」概念

以上の検討を踏まえると、「教育目的」を問う上で「ケア」論が提示する論点はどのように捉えられるだろうか。本章の冒頭で教育実践に埋め込まれた「教育目的」の事例として学校のテストを挙げた。その主たる機能は、生徒の諸能力（多くの場合は「学力」と呼ばれるもの）を評価・測定することである。それは、絶対的評価にせよ相対的評価にせよ、諸能力の達成度や優劣を可視化する。また、ギリガンとコールバーグの事例、つまり倫理的判断においても、「どちらがより優れた判断か」という点が問われている。

すなわち、教育実践に埋め込まれた「教育目的」が果たす機能の一つは、教育実践における優劣を判定するための基準を提供することである。この基準をここでは「卓越性」として表記する。「ケア」を心情的・選択的なものとして

図3　「自己」や「理性」を問う「ケア」論に基づく「教育目的」論の論点

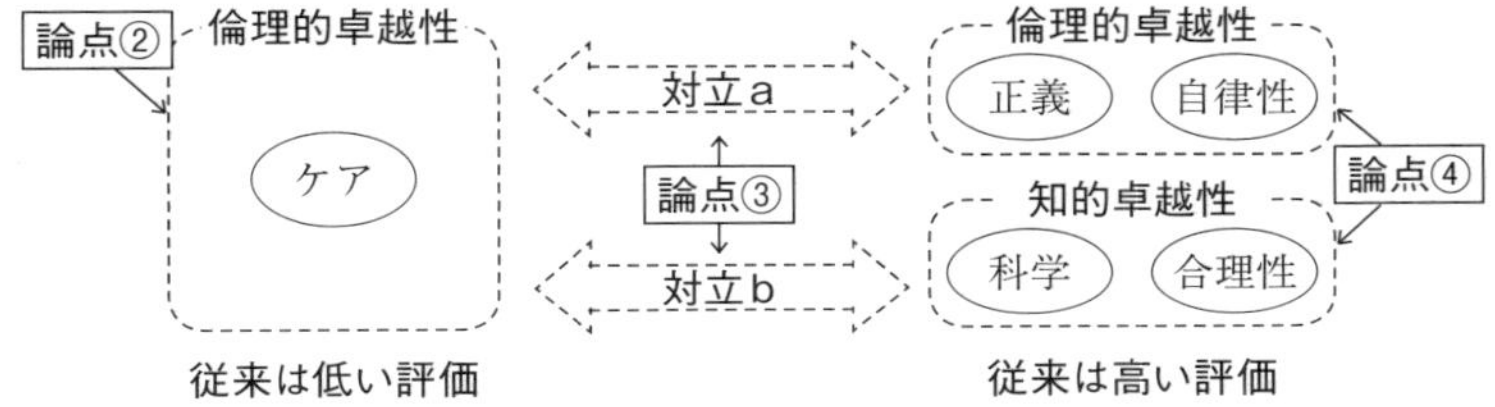

捉えた場合の論点は【図2】の「論点①」として図示できる。

【図2】で最も顕著な特徴は、「ケア」と「正義」「自律性」「科学」「合理性」とを対立関係にあるものとして捉える点である。この対立には二つの種類がある。一つは「ケア」と「正義」「自律性」とを相反するものとしてみなす対立関係である（対立a）。この場合、両者は倫理的な判断・行為に関する卓越性の基準という点で共通し、「倫理的卓越性」において「従来は自律が重視されてきたが、今後はケアをより重視するべきだ」といった主張がなされる。

もう一つは「ケア」と「科学」「合理性」とを相反するものとして捉える対立関係である（対立b）。この場合、「ケア」は心情（情意・情念）と同様のものとしてみなされ、そもそも「科学」や「合理性」（合理的思考）とはその判断や行為の対象自体が異なるものとして捉えられる。つまり、「倫理」に関する卓越性と「知」に関する卓越性とは完全に別個のものであるという前提のもとに、「ケア」や「科学」「合理性」が捉えられている[4]。それゆえに、二つの対立関係が固定され、議論の論点は「いずれを高く評価するべきか」という二者択一へと帰着するのである（論点①）。

これに対して、「自己」や「理性」を問う視点としての「ケア」概念が提示する論点は【図3】の「論点②～④」として図示できる。

【図3】の主要な論点は、何よりも「ケア」と「正義」「自律性」「科学」「合理性」とを相対するとみなす対立図式を捉え直すことである。第一に、「ケア」を「倫理」の領域に関する概念としてだけではなく「知」的領域に関する概念として捉える必要性や可能性が示される（論点②）。その上で、【図2】においては固定されていた「対立a」「対立b」が本当に適切であるのか、その関係性をどう問い直すことができるかが問われる（論点③）。

そして最終的には、従来の「正義」「自律性」「科学」「合理性」という要素が「ケア」の観点から問い直されることによって、「倫理的卓越性」と「知的卓越性」という二分法そのものが問いの対象となる（論点④）。以下、この「論点①～④」に基づき、「ケア」論の主張を検討していく。

2　「ケア」論が提示する「教育目的」――3Csと3Rs

「ケア」論の提示する論点から「教育目的」を検討する上で、ここではアメリカの教育哲学者マーティン（Jane Roland Martin）による educated person（教育された人間）像を巡る議論に着目する。マーティンはこの議論の中で、イギリスの教育哲学者ピーターズ（R. S. Peters）が規定した educated man の批判的分析を行っている(5)。まずは、この批判の概要を確認したうえで、「ケア」論が提示する「論点①～④」のそれぞれを吟味しよう。

1　3Rsにのみ基づく「教育された人間」像＝「人生の傍観者」の問題点

学校の数学のテストでは、計算問題を解くことができる人は「頭がいいね」と称賛される。文学作品を読破し多彩な語句を用いて話す人や歴史や化学について詳細な情報をもつ人は「知的」と形容される。

しかしながら、なぜ計算ができると「頭がいい」とみなされ、なぜ文学作品を読むことが「知的」であることとつながるのか。このように問うとき、私たちはそうした評価の中に暗黙のうちに想定されている educated man の影響力を認識することができる(6)。

表1　educated man の性質がもつ偏り

educated man に求められる性質	educated man から排除されている性質
a. 知識における論理性 b. 筋の通った理解 c. 創造性や直観力を排除した、理論的な傾向	a. 研究に専心する際以外において言及される、感覚・感情 b. 人に対する気遣い、個人的な関係に対する関心 c. 感情的な雰囲気を感受する能力 d. 同情性、協力性、細やかな優しさ e. 直観力

ピーターズは educated man について、(1)価値ある「知識 knowledge」を所有していること、(2)「知識」に基づく特有の性質を有していること、(3)「認識的展望」をもつことを挙げる（Peters 1966＝一九七一）。つまり、計算、文学、化学などは、「価値がある」とみなされる「知識」「性質」「認識」に合致するからこそ、それを有する人間を私たちは educated man とみなしている、と説明できる。

これに対してマーティンは、educated man に求められる性質に特定の「偏り」があることを指摘する（Martin 1981 : 101-102. 表は筆者が作成）。マーティンは【表1】の左側の項目に共通する要素を３Ｒｓ（読み[Reading]・書き[Writing]・計算[Arithmetic]）、右側の項目共通する要素を３Ｃｓ（ケア[Care]・関心[Concern]・関係性[Connection]）として導出する（Martin 1992＝二〇〇七）。

マーティンによれば、こうした特定の「偏り」が存在する結果として、

educated man は「他者についての知識を持ち完全な倫理的結論に達することはできるが、他者に対する親切な振る舞いや他者の幸福へのケアや関心を持たない」人物になっている。そしてそれゆえに、当の人物は「現実世界の諸問題を解決することを強く望まずに判断・思考する象牙の塔の住人（Ivory Tower People)」となり、「教育目的」としての人間像としては不十分かつ問題の多い人間像である、とマーティンは批判するのである（Martin 1981：104、尾崎 二〇一〇b）。

このeducated man の具体的な事例として、マーティンは小説『ミドルマーチ』の登場人物であるカソーボン氏を挙げる。カソーボン氏は、絵画を前にすればその社会的評価や解釈をスラスラと正確に語ることができるが、しかし彼はその絵画を「楽しむ」ことはない。この意味で、彼は典型的なeducated man であり「多年知識を積み重ねたはずであるのに、興味も共感もまったく欠如している人」として評される(7)。

〔彼は〕親密さより孤独を重んじ、仲間意識より「孤独な」理性を好み、日々の生活においてさえ、日常的な世界や日常に近い世俗的な世界から学問的な距離を保つことを学んだのであった（Martin 1992：88＝二〇〇七：一〇五）。

つまり、従来の「教育目的」としてのeducated man は「世にいう高度の学問がある」人々ではあるが人生の参加者となることのできない傍観者にすぎない。そして今現在、なおも私たちは「教育」を通して人生の傍観者を育成しているとマーティンは警鐘を鳴らすのである（Martin 1992：89-90＝二〇〇七：一〇六～一〇七）(8)。

２　３Ｃｓ－３Ｒｓに基づく「倫理的卓越性」・「知的卓越性」の問い直し

それでは、マーティンによる educated man 批判を「ケア」論の提示する論点①～④から検討するとどうなるだろうか。

マーティンの３Ｃｓと３Ｒｓを【図２】で捉えた場合、その議論の焦点は論点①、つまり、３Ｒｓと３Ｃｓの要素のいずれを高く評価するべきかという点になる。その際、３Ｒｓと３Ｃｓは完全に別個のものとしてみなされ、３Ｒｓと男性性が結びつき３Ｃｓと女性性とが結びつくという点が強調される。その結果、従来の educated man において３Ｃｓが軽視されてきたのはアカデミックな領域で女性性が低く評価されてきたからであり、この男性性と女性性に対する評価を再検討しなければならないという主張が展開されることになる。

もちろん、上述の主張はジェンダー論、価値多元化論、学校／家庭の関係論など多くの文脈において意義ある問題提起である。しかし、その一方で当の議論は、３Ｃｓ（「ケア」）と女性性、３Ｒｓ（「正義」「科学」）と男性性の結びつきを強調するが故に、女性が３Ｃｓに縛り付けられる、あるいはなぜ３Ｃｓが（３Ｒｓよりも）価値があるのか、といった固定された対立図式の中での批判や擁護論に終始する危険性を免れない。

これに対して、マーティンの３Ｃｓと３Ｒｓを【図３】で捉えた場合、その主張は論点②～④に基づいて解釈される。論点②は、３Ｃｓを「倫理的卓越性」だけではなく「知的卓越性」に関する概念として捉えうるか否かを問う議論を提示する。この議論では、3Csが3Rsと同じくらいに重要な「学びの基礎」として捉えられる点に焦点が当たる（Martin 1992：30＝二〇〇七：三六）。たとえば、モンテッソーリ教育法を事例に挙げ、マーティンは3Csが影響力を持つ場合の「自然観察」を次のように描写する。

子どもたちは個々の植物や動物と親密に知り合い、それらに対して絶対の敬意を払うようになっていった。そして、最初の観察の域を脱すると、「生物に対する熱心な注意（ケア）」が育っていったのである（Martin 1992：19＝二〇〇七：二三～二四、傍点筆者）。

マーティンは、3Csを重視することは子どもたちに「すべての生き物、人間、事象に向けられる」ような「永続的な愛」を育むという、一見すると「倫理的卓越性」に関するような指摘をする。しかしながら、この場合の「愛」は「生き物を大事にする」という心情や態度に類するものではなく、対象と自分との間に関係を見出した上で「知的に探究する関わり」を構築することを意味する（佐藤 二〇〇二：一六）。ゆえに当の議論は、ノディングズのケアリング論における「全体的脈絡を把握する力」（林 二〇〇〇：三六）や「共感的知性」（佐伯 二〇〇七：一八～一九）のような、新たな「知」の在り方を提起する議論へと展開する(9)。

さらに、論点③の3Csと「正義」「自律性」の関係性（対立a）、及び3Csと「科学」「合理性」との関係性（対立b）を問う場合には、「自律（autonomy）」と「完全な自己充足（self-sufficiency）」との区別に焦点が当たる。

> 自己統治が他者との断絶を伴うという見方は、自己統治と一方的な行動を誤って同一視している。個人の自律の理論は、誤ったジレンマ――自分の意見は完全に自分の中で形成されるか、それとも他の誰かによって形成されるか――を作り上げる〔……〕(Martin 1992 : 188 = 二〇〇七 : 二二四)。

> 完全な自己充足という目標が是認されることによって、他者への依存が個人の無能力や怠慢と同一視されるようになる〔……〕自分自身が所有していない知識や技能は他者から得ることができる、という教訓は生徒たちに教えられることはない (Martin 2002 : 125-126 = 二〇〇八 : 二一〇)。

以上の指摘をふまえると、マーティンが3Csの重要性を強調する上で想定する仮想敵――ひいては「ケア」論の仮想敵――の一つは、「自律」ではなく「孤立 (isolation)」であることが明らかになる (生田二〇一一、キテイ二〇一二)。つまり、この場合の3Csの主張は、他者との共同でなされる「自己決定」や他者と知識・技能を分担し合うことを可能にする「知的能力」の意義及び必要性について検討することを要請するのである。そしてそれは、「自己決定」や「知的能力」の卓越性を判断する基準に、個別の完全性だけではなく、他者との共有可能性、交渉可能性、実現可能性といった要素を導入する作業に他ならない。

さて、3Cs (「ケア」) の要素が「知的卓越性」の基準の一つとして捉えられ (論点②)、同時に3C

s（「ケア」）の要素が「自己決定」において「正義」「自律性」と、「知的能力」において「科学」「合理性」と相補性をもつとみなされうるならば（論点③）、私たちは従来「当たり前」に享受してきた「正義」観や「科学」観そのものを問い直す必要に迫られる（論点④）。

マーティンは、ノーベル賞学者であるマックリントックが研究対象である植物細胞との「親密な関係」を重視すること（Martin 1992：201＝二〇〇七：二四〇）、DNA配列の発見者であるワトソンとクリックが共同で研究成果を出しえたこと（Martin 2002：121＝二〇〇八：二〇二〜二〇三）を事例とし、事物や他者への3Csが科学的に優れた研究成果を創出するために不可欠な要素であると指摘する。この場合、研究対象（事物）への関心や敬意、他者との共同は、倫理的態度であると同時に合理的（知的）態度である。ここに至って私たちは、3Csの主張が「倫理」と「知性」の従来の線引きに転換を要請することに気付かされるのである。

3 「ケア」論が提示する「教育目的」としての「自律」

マーティンの3Cs－3Rsの議論、ひいては「ケア」論の主張は、「倫理的卓越性」と「知的卓越性」の間に密接な関係性があることを指摘する。マーティンは3Cs－3Rsが相補的に機能する学習を「贈与《ギフト》としての学習」として提案するが、それは一方では「倫理的卓越性」としての「共同性」を提示し、他方では「知的卓越性」としての「共同性」を提示する（Martin 2002＝二〇〇八、生田二〇一一）。

前述の議論は、ある個人の「能力や才能」を「その人のもの（所有物）」として完全にみなすことは適切か、という問いの重要性を改めて強調する。田中・生田が指摘するように、この問いは正義論者であるロールズ（John Rawls）による「能力」の「共同資産」論と近しい論点を有する（田中・生田 二〇一二）。それは「能力」の「共同性」に着目することを通して、個人の「能力や才能」が適切に「測定」され「機能」するための諸条件を模索するのである（竹内 一九九三、宮寺 二〇〇六、広田 二〇一一、宮寺二〇一四）。

以上のような「ケア」論の観点から特徴づけられる「自律」はどのように想定しうるだろうか。この場合の「自律」は「孤立」に陥ることなく「共同性」と親和性をもち、「他律」は「自律」と相反するものではなく「共同性」の基盤となる。「ケア」論の観点から見た場合、「他律」と相反するものは「共同性」を損なうような他者との関係性、すなわち強制されるものとしての「同化」なのである。以上のことを図示すると【図４】のようになる。

図４　「ケア」論が提示する「自律」と「他律」

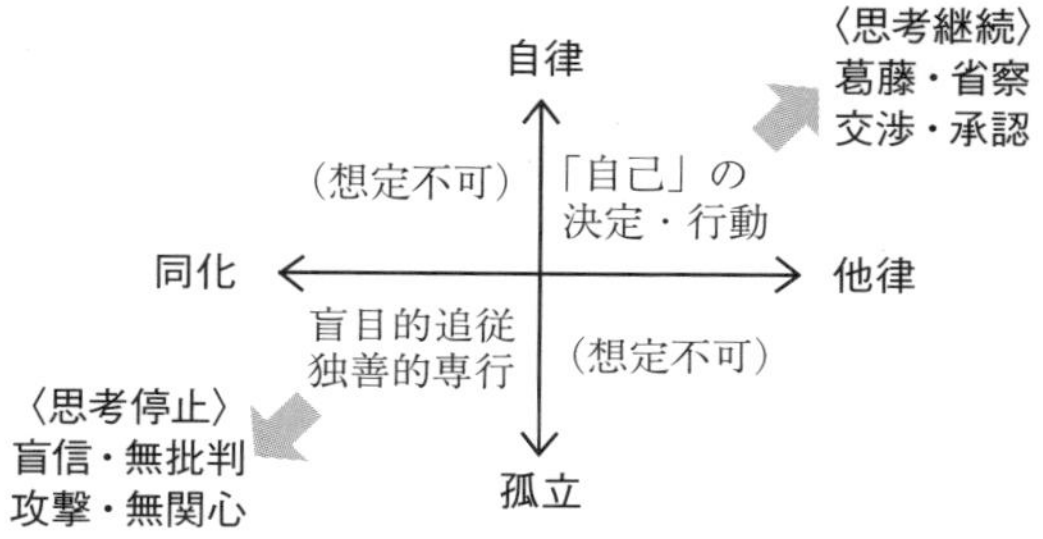

ここで、「ケア」論が志向する「共同性」が、「自律＝他律」という「自己と他者の同化」を意味するものではないことを強調しておきたい。確かに、ギリガン、ノディングズ、マーティンはそれぞれに「自己」の決定や行動が「他者」と密接に結びつくことを指摘している。しかしながら、それは「自己と他者の同化」ではなく、むしろ「自己と他者の継続的な葛藤や交渉」を意味するのである。

それゆえ、【図４】に示したように、「自律」（自己決定）的でありながら他者と「同化」している状態（第二象限）、及び「他律」（他者と共同）

的でありながら「孤立」している状態（第四象限）は、そもそも想定しえない。この意味において、「ケア」論が超えるものは、「孤立」を招く「自律」であり、「同化」を招く「他律」なのである。

以上、「ケア」論の観点から「自律」と問い直すと、「自律」が本来的には「他者」との「共生」、及び「自己」の成長可能性の双方へ開かれていることが分かる（岡田 二〇一四）。つまり、「他者」に対する「自己」の葛藤や交渉こそが、よりよき「自己」への契機なのである。これに対して、educated man の事例が示唆する「孤独」「孤立」の志向は、「自己」と「他者」とを分断することによって双方への無批判・無関心、あるいは盲信や攻撃を生じさせる。そのいずれもが「自己」から発展性と拡張性を奪う「思考停止」の状態に他ならない。これと対照的に、「ケア」論が提示する「自己」は、「他者」の中に新たな「自己」の成長可能性、すなわち「思考継続」の状態を志向するのである。

おわりに――「自己変容」の基盤としての「多様性」へ向けて

本章では、「ケア」論の観点から「自律」を問い直すことを通して、それが「教育目的」としていかなる課題と意義をもつかを論じてきた。その中で、「ケア」論の仮想敵、ひいては問い直された「自律」の仮想敵が「孤立」及び「同化」にあることを示した。それは「思考停止」の状態を招く「歪曲した自律・他律」であり、「あなたと私は同じ（になりうる）」ことを前提する「私（自己）」の捉え方である。「同じ」が訪れた瞬間に「変容」（成長）が止まることは言をまたない。

これに対して、「ケア」論は「倫理」と「知性」の双方の卓越性として捉えられる「共同性」を志向する。この「共同性」は「自己」と「他者」の間の「迷い」や「葛藤」を伴い、それゆえに継続的な思考（省察や承認）を要する。この過程は「一人」のなかで孤立して行われるのではなく、「自己」と「他者」の双方において「変容」をもたらすものとして想定されるのである。

このことは、社会における「多様性」と「数多性」の違いを認識することの必要性を改めて私たちに提示する。「多様性」とは、単に異なる種類のものが数多く併存していることを意味するのではなく、その異なる種類のもの同士の間に継続的な相互作用・相互干渉があることを意味する(10)。当の「多様性」によって特徴づけられる社会は、無限の「自己」と「他者」を想定できる社会である。この「多様性」に依拠するならば、「甘え」や「依存」は、個人の停滞ではなくむしろ発展・成長に開かれる文脈において新たな教育的意義を得ていくと考えられるのである。

【註】

1　永田まなみは、フェミニズムからの「ケア」論批判を分析し、「看護あるいは教育等の文脈で語られる場合のケア」と「日常用語で用いられているケア一般」との差異を指摘している（永田二〇〇三：九〇）

2　ノディングズは、「ケアは正義がやり残したものを「拾いあげる」」と指摘し（Noddings 1999：12）、広井良典は、「ケア」を「科学」というパラダイムそのものを転換する可能性を論じている（広井二〇〇五）。

3　こうした「理性」そのものを「他者」との関係性から捉え直す点については、本書の第Ⅱ部第3章の議論を合わせて参照されたい。

4　教育目的論における「倫理」と「知」（知性）の分離は伝統的な論点の一つである。アリストテレスは『ニコマコス倫理学』で「倫理的性情《エートス》の卓越《アレテー》性」と「知性《ヌース》の卓越《アレテー》性」のそれぞれに論究している（アリストテレス1178a＝一九七三：一七七～一七九）。また、中内敏夫が教育目標における「最近の二元論」と批判したように、「倫理」と「知（知性）」の分離は近代教育において顕著である（中内 一九七七）。

5　ピーターズの「教育（education）」に関する理論については、既存の社会や文化への「イニシエイション（initiation）」「リベラリズム的合理主義」などの特徴が指摘される（宮寺 一九九七、一九九九）。

6　ここで教育目的として想定される「教育された人間」像は、日本の学校教育でしばしば目にする「明るく元気な子ども」「友達を思いやれる子ども」のようにスローガン的に標榜される「文言」を指すのではない。宮嶋秀光は、教育人間学における「人間像」批判を論究し、「閉ざされた人間像」を教育目標と同一視することの危険性を指摘している（宮嶋 二〇〇三）。

7　マーティンはカソーボン氏と同様の educated man の事例として『記憶の渇望』の著者ロドリゲスを挙げている。彼は同著で自身を「執筆を始めようとするといつでも、私はあまりにも多くのことを知っているせいで（それでいて十分には知らなくて）、過剰に注意深く臆病な文章、脚注と但し書きの重みに耐えて脅かされているような文章しか書くことができなかった」と振り返っている（Martin 1992：89＝二〇〇七：一〇六）。

8　「人生」の傍観者的態度の事例として、たとえばツイッターなどのＳＮＳツールを利用し他者の行動に「ツッコミ」を入れる「評論家」的視点（槇田 二〇一二）、他者に対する若者の「仮想的万能感」（速水 二〇〇六）などを挙げることができる。これは、評論家的立場を客観的で優位な立場とみなす見方が現代の社会にも浸透している事例としてもみなしうる。

9　「ケア」論から新たな「知」の可能性を探求する研究として生田久美子は、「ケア」に関する議論も「正義」に関する議論も「教育の文脈」で論ずる限りは「人間の学びとは何か」という問いを避けて通ることができないと指摘している（生田 二〇〇二、二〇〇五、二〇一一、二〇一二）。

10　「多様性」と「数多性」の違いについては、例えばドイツの現象学者であるヘルマン・シュミッツの「カオス的多様性」に関する議論を参照。当の議論では、「状況」や「共同性」に着目する上で、ある存在の「同一性」と「差異性」が未決定である点を指摘し、完全な個別性を前提にした存在認識の陥穽を論じている（梶谷二〇〇二）。

【文献表】

Gilligan, Carol（1982）*In a Different Voice : Psychological Theory and Women's Development*, Harvard University Press.＝（一九八六）『もうひとつの声――男女の道徳観のちがいと女性のアイデンティティ』岩男寿美子監訳、生田久美子・並木美智子共訳、川島書店。

Kittay, Eva Feder（1999）*Love's Labor : Essays on Women, Equality and Dependency*（Thinking Gender）, New York, Routledge.＝（二〇一〇）『愛の労働あるいは依存とケアの正義論』岡野八代・牟田和恵訳、白澤社。

Martin, Jane Roland（1981）"The Ideal of the Educated Person", *Educational Theory*, 31（2）, pp.97-109.

Martin, Jane Roland（1992）*The Schoolhome : Rethinking Schools for Changing Families*, Harvard University Press.＝（二〇〇七）『スクールホーム――〈ケア〉する学校』生田久美子監訳、朴順南・村田美穂・八木加奈子訳、東京大学出版会。

Martin, Jane Roland（2002）*Cultural Miseducation : In Search of a Democratic Solution*, Teachers College Press.＝（二〇〇八）『カルチュラル・ミスエデュケーション――「文化遺産の伝達」とは何なのか』生田久美子監訳、大岡一亘・奥井現理・尾崎博美訳、東北大学出版会。

Mayeroff, Milton（1971）*On Caring*, New York, Harper & Row.＝（一九八七）『ケアの本質――生きることの意味』田村真・向野宣之訳、ゆみる出版。

Noddings, Nel (1984) *Caring : A Feminine Approach To Ethics & Moral Education*, University of California Press. =（一九九七）『ケアリング　倫理と道徳の教育――女性の観点から』立山善康他訳、晃洋書房。

Noddings, Nel (1999) "Care, Justice, and Equlity", Katz, Michael S., Noddings, Nel and Strike, Kenneth A. (Eds.) *Justice and Caring : The Search for Common Ground in Education*, Teachers College Press, pp.7-20.

Peters, R. S. (1966) *Ethics and Education*, London, George Allen & Unwin. =（一九七一）『現代教育の倫理――その基礎的分析』三好信浩・塚崎智共訳、黎明書房。

*

アリストテレス（一九七三）『ニコマコス倫理学（下）』高田三郎訳、岩波書店。

生田久美子（二〇〇二）「教育関係の基礎概念としての「ケア」」『近代教育フォーラム』一一号、一四一～一五〇頁。

生田久美子（二〇〇五）「「知」の一様式としての「ケア」――ジェンダーの視座に立つ教育哲学からの提言」辻村みよ子監修・生田久美子編『ジェンダーと教育――理念・歴史の検討から政策の実現に向けて』東北大学出版会、五～二三頁。

生田久美子（二〇一一）「リーダーシップ概念の根底にある「自立的」人間観の再考――「自立」対「依存」の二項図式を超えて」生田久美子編著『男女共学・別学を問いなおす――新しい議論のステージへ』東洋館出版社、二一二～二三五頁。

生田久美子（二〇一二）「教育における正義とケア――「教育の文脈」で再検討することの意義」『教育哲学研究』第一〇五号、一～七頁。

伊藤博美（二〇一二）「教育における正義とケア――ケアおよびケアリング倫理が教育にもたらしたもの」『教

育哲学研究』第一〇五号、一五～二〇頁。

岡田敬司（二〇一四）『共生社会への教育学――自律・異文化葛藤・共生』世織書房。

尾崎博美（二〇一〇a）「教育言説としての「ケア」論がもつ困難性と可能性――「ケアの再評価」と「ケアの再定義」の二つの側面に注目して」『教育思想』第三七号、東北教育哲学教育史学会、二一～三八頁。

尾崎博美（二〇一〇b）「教育目的としてのeducated person概念を問う意義とは何か――J・R・マーティンによるR・S・ピーターズ批判の分析を通して」『教育哲学研究』第一〇二号、六一～七八頁。

梶谷真司（二〇〇二）『シュミッツ現象学の根本問題――身体と感情からの思索』、京都大学学術出版会。

川本隆史編（二〇〇五）『ケアの社会倫理学――医療・看護・介護・教育をつなぐ』有斐閣。

キテイ、エヴァ・フェダー（二〇一一）『ケアの倫理からはじめる正義論――支えあう平等』岡野八代・牟田和恵訳、白澤社。

佐伯胖（二〇〇七）『共感――育ち合う保育のなかで』、ミネルヴァ書房。

佐藤学（二〇〇二）「学びの共同体の系譜――フェミニズムとのクロスロード」『国立女性教育会館研究紀要』第六号、一五～二五頁。

竹内章郎（一九九三）『「弱者」の哲学』大月書店。

立山善康（二〇〇六）「高ケア社会の展望」中野啓明・伊藤博美・立山善康編著『ケアリングの現在――倫理・教育・看護・福祉の境界を越えて』晃洋書房、一八八～二〇一頁。

田中智志・生田久美子（二〇一二）「教育の共同性とは何か――近しさの基層」『近代教育フォーラム』二一号、一四九～一五九頁。

永田まなみ（二〇〇三）「ケアの倫理はありうるか―― Allmark-Bradshaw 論争に関連して」『医学哲学医学倫理』第二一号、八二～九七頁。

中内敏夫（一九七七）「現代日本教育の基本問題九　教育の目標・評価論の課題」『教育』第二七巻第七号、国土社、八二～九五頁。

西田英一（一九九五）「新たな法主体の可能性（一）――コールバーグ／ギリガン論争を出発点に」『法學論叢』第一三七巻第一号、七四～九八頁。

林泰成編（二〇〇〇）『ケアする心を育む道徳教育――伝統的な倫理学を超えて』北大路書房。

速水俊彦（二〇〇六）『他人を見下す若者たち』講談社。

広井良典（二〇〇五）『ケアのゆくえ 科学のゆくえ――フォーラム 共通知をひらく』岩波書店。

広田照幸（二〇一一）「能力にもとづく選抜のあいまいさと恣意性――メリトクラシーは到来していない」『再検討 教育機会の平等』宮寺晃夫編、岩波書店、二四七～二七二頁。

槇田雄司（二〇一二）『一億総ツッコミ時代』星海社。

宮嶋秀光（二〇〇三）「人間像から人間学的差異へ――新しい教育人間学への道」『応答する教育哲学』山﨑高哉編、ナカニシヤ出版、四一三～四三一頁。

宮寺晃夫（一九九七）『現代イギリス教育哲学の展開――多元的社会への教育』勁草書房。

宮寺晃夫（一九九九）「合理主義の教育理論とピータース」『近代教育思想を読みなおす』原聰介他編、新曜社、一四五～一六三頁。

宮寺晃夫（二〇〇六）『教育の分配論――公正な能力開発とは何か』勁草書房。

宮寺晃夫（二〇一四）『教育の正義論――平等・公共性・統合』勁草書房。

終章

交錯する地平

■「甘え」の人間学と「自律」の教育学と

関根宏朗

『「甘え」と「自律」の教育学』。この書名を見てふと本書を手に取られる方は、ひょっとしたらこう考えたかもしれない。片方に良いものとして子どもの「自律」を、そしてもう片方に良くないものとして「甘え」を位置づけて、さてどのように「甘え」を脱し「自律」の獲得を目指すことができるかという分かりやすくて効果的な方法論を示した本なのかと。また反対にこう期待された方もいるだろう。ただ単純に「自律」ばかりを追い求めるばかりでは息がつまる。子どもの伸びやかな感性をさらに刺激するような「甘え」の役割は現状よりももっと評価されていいし、この本ではそうした方向の議論が展開されているのかもしれない、と。あるいはこれら二つのどちらでもなく、むしろそのあいだにあって、「自律」と「甘え」の両方をバランスよく視野に入れた社会の教育計画ないしは子どもの教育方針が折衷的に説明されることを想定されて手に取られた方もいらっしゃるだろうか。

しかしここまで本書に目を通されて、収められた各章の主張はこのいずれにも該当しないことが理解されたのではないか。まずそもそも、いずれの論文も「〇〇すべき」といった一元的になんらかの目標を据えるような当為論的な論述のスタイルを採用していない。そこでは先述のような問題設定をふくむさまざまな「常識」がもつ自明性へと疑いの目が向けられ、「甘え」ないし「自律」といった対象キーワードをこれまでとはまた別様に読み解く診断的な姿勢があくまで強調されていた。もう一つ具体的なことを言えば、タイトルにおいて「甘え」と「自律」とを併置しているけれども、これはなにもこの二つを相反する概念として措定していたことを意味するわけでは決してない。そもそもが位相のちがうこれらの概念がしかしときに関係を取り結ぶその瞬間こそ、むしろ各章がそれぞれの個別テーマのうちに追いかけ、記述を目指したものであった。

それでは先述のような診断的な姿勢が目指すところとはいったい何か。誤解を恐れずに言い切ってしまうならばそれは、教育を、そして当の教育を取り巻くこの社会を、ミクロに変えゆくことである。序章において本書がその「目標」として第一に掲げていたのは「「甘え」と「自律」という概念に着目しながら、近代的な教育理論の組み換えを行うこと」であった。なお注意が必要なのは、ここで言うところの「組み換え」の対象が、かならずしもモダンの産物たる現行の学校制度を取り巻くコンテクストに限られたものではないということである。そもそも「近代」の存在を確たる前提としてふまえつつ展開される近代批判の議論にしても、それはある意味において「近代的な教育理論」の変奏と見なすことができるかもしれない。歴史・文化のなかで形作られまた秩序立てられてきた現行の教育および教育制度はきわめて高い蓋然性を有しており、教育を取り巻く空気が内包する近代性はさほどに大きい。

大切なのは、むしろ教育がもつ近代性をたしかに認めたうえで、なお繰り返しその自明性に疑問符を突きつけ続ける根気が求められる作業ではないか。論理的に思考を純化しあたかも真空のなかでその哲学を展開するのではなく、あくまで社会のうちに生きる成員として教育や人間をまなざし、その意味づけを模索する姿勢ではないか(1)。それは言うなれば、一次元的な「子どもから大人へ」という物語がもつリニアな分かりやすさを二次元的に問いなおすのみならず、その拠って立つ地平そのものまでを(三次元的に)相対化すること(2)。そして再度、現行の教育ないし教育制度の文脈へと考察の次元を下ろし、「今後社会が目指すべき方向性」を見つめなおすこと。以上が本書執筆者において共有されていた思考の地平であった。それではさまざまな角度からの各論的な考察を終えたいま、こうした野心的な目標はどれだけ達成されただろうか。執筆者一同、読者各位からの厳しい批正を待ちたい。

ところで再度本書の名前に目を向けてみると、この書名には三つのメッセージが含みこまれていることがわかる。第一に、「甘え」だけでも「自律」だけでもなく『「甘え」と「自律」の教育学』とのように二つの対照概念があえて併置されているということ。第二に、併置されているこれらについては、最初に「甘え」が、次いで「自律」が、その考察の順番として据えられているということ。そして第三に、その方法論は「人間学」でも「人間形成論」でもなく「教育学」として纏められているということである。これらはそれぞれに、「甘え」および「自律」を問題化するにあたっての本書の内容・構成における特徴的な点として説明することが可能である。以下、ごく簡単に整理しておこう。

先述のとおり、もとより「甘え」と「自律」は同一の地平にある教育学的概念というわけではない。「甘え」が学術的概念として体系化されたのは須川論文でみたように一九七一年であったが、実際それからいまだ半世紀も経過しておらず、理論的な言及の蓄積は現在進行形であるといえる。しかも土居健郎自身が『「甘え」の構造』をあくまで「一般向き」（土居 一九八五：六）の著作と位置づけていたように、その考究はこれまで必ずしも学術的な緻密さをともなってなされてきたわけではなかった。

しかしこれにたいしてドイツ観念論の中心概念の一つとして鍛えられてきた経緯をもつ「自律」の場合は話が違う。たとえば舌鋒鋭い近代批判者として知られるアドルノでさえ「自律への要請は、民主主義においては自明のことのように思われます」（Adorno 1971 : 133＝二〇一一：一八八）といった具合に、他者からの指図を受けずに自身の責任のもと己の思考力を展開することへの価値論的な尊重を繰り返し強調していた。またこうした伝統は近代教育学においても明確に踏まえられてきたところであった（山室 二〇〇〇）。

したがって「甘え」をメインに考察の対象へと据えた第Ⅰ部はどちらかというと実験的、試論的な色合いが強かったのに対して、すでに厚い議論の蓄積が存在する「自律」を問題化した第Ⅱ部はことによると論の立て方としていささか禁欲的な傾向を持っていたかもしれない。

そもそも「甘え」を考察の対象とした教育理論的・教育哲学的な仕事は実際これまでほとんど存在しておらず、その意味で第Ⅰ部にはすでにその問題設定からオリジナリティが担保されている。それならば最初から「甘え」にのみ焦点化して話をまとめれば良かったということになるかもしれないが、ただ対象選択的な新しさに「甘え」て良しとする道をわれわれは採用しなかった。近代啓蒙思想をそして近代教育学をその背面からたしかに支えてきた「自律」（および「自立」）という概念について、運動としての徹底的な近代教育学批判をすでに経験した今あえて考えることの積極的意味づけとは何か。第Ⅱ部の各論においては、考察に際してあたかも反照板のように「甘え」概念——あるいは直接的に「甘え」

を名指さなくてもそこから導出された他者との関係論的な発達・変容についての説明可能性――に準拠しつつ、再度「自律」へと立ち返ることで「また別様の近代」がそれぞれに模索されている。言うなればは第Ⅰ部で広げた風呂敷を第Ⅱ部で再度たたむという構図であるが、しかしもう一度たたまれたそれは、もはや最初とは違った形状をわれわれに示している。たとえば尾崎論文は教育目的論の考察をふまえて最終的に「自律」と「他律」とが決して相容れないものではないとして再整理を行っているけれども、こうした着地は各論的な議論深化の成果であったとともに、まさに本書全体での流れを明確に抑えたうえでの帰結でもあった。

なお学術概念としての「甘え」と「自律」の違いは、先行する蓄積の多寡という外在的なものだけではない。それは内在的にもまた異なる側面を持っている。すでに見たように教育ないし教育学はこれまで「自律」と深い関係をもってきた経緯をもつが、たしかに意図的な働きかけとしての教育・設計的視点と教育目的たりえる分かりやすい広義の「自律」とはそれらをともに考え合わせるうえで収まりが良い。すなわち、「「自律」の教育学」というテーマは相対的に論じやすいのである。一方、「甘え」という主体の発達・変容過程における感情描出の概念は、子どもが大人になる、あるいは「人間になる」（大田二〇一四）という人間学的・人間形成論的な見方と本来馴染みをもつものであり、そのため「「甘え」の教育学」というよりもむしろ「「甘え」の人間学／人間形成論」という論立てにこそ当概念はフィットする。これまで「甘え」が一貫して人間学的に問題化されてきたことについては、須川論文が包括的にレビューしているとおりである。

だが実際これら教育と人間形成とは、ある意味で同じ問題のまったく対称的なところに目を向けるものである。すなわち、教える、働きかける、というところに目を向ける教育学／これに対して、ひとが育つ、働きかけられる（または働きかけから逃れる）ところに注目する人間形成論。集団や組織、制度、その関係性に留意する教育学／個人主体ないし個人的関係性の変容と発達を重視する人間形成論。法制や経済状況、社会的・制度的側面、カリキュラムなど教室のマクロな視点を取り上げる教育学／自己（関係）の成長・発達・変容、さらにはそのプロセス、切れ目、端緒等、ミクロな視点を考える人間形成論、といったように。

けれども本書においては、こうした境界線をあえてずらし、またそこに切れ目を入れることが積極的に目指されていた。「「甘え」の人間学」と「「自律」の教育学」とをまったく別個のものとして捉えるのではなくあえて「「自律」の人間学」を思考した小山論文や「「甘え」の教育学」を展望した関根論文は、こうした典型であるだろう。またそもそも第Ⅰ部において「甘え」を両価的に再考するとともに、「甘え」のみならず近代的「自律」概念にも通じうる考察をそれぞれ内在的に展開している下司論文と櫻井論文、さらに第Ⅱ部で「自立」（および「自律」）とともに明示的に「甘え」をとりあげた富田論文のように、直接的にも切り込んだ配置が行われていることも同様の意図によるものである。教育学／人間学そして「甘え」／「自律」の二つの軸が形成する四象限の地表に立ち、またその足下の堅さを確かめることによって今後の継続する議論の広がりのいわば地ならしをすることこそがここでまなざされていた。

【註】

1　教育（哲）学のもつ「自閉性」については、広田（二〇一四）がコンパクトかつ的確に現況をまとめている。

2　次元往復的な問題整理の視点については、中沢新一の諸著作から示唆を受けている。

【文献表】

Adorno, Theoror (1971) *Erziehung zur Mündigkeit*, Frankfurt am Main, Suhrkamp. ＝（二〇一一）『自律への教育』原千史ほか訳、中央公論新社。

Feenberg, Andrew (1995) *Alternative Modernity*, Oakland, University of California Press.

＊

大田堯（二〇一四）『大田堯自撰集成4　ひとなる――教育をとおしての人間研究』藤原書店。

岡田敬司（二〇一四）『共生社会への教育学――自律・異文化葛藤・共生』世織書房。

土居健郎（一九八五）『表と裏』弘文堂。

広田照幸（二〇一四）「社会システムの設計と教育学研究」広田照幸・宮寺晃夫編『教育システムと社会――その理論低検討』世織書房、三～一八頁。

山室吉孝（二〇〇〇）「自律性」教育思想史学会編『教育思想辞典』勁草書房、四〇九～四一一頁。

あとがき

本書の内容については、「終章」にて関根宏朗（執筆者・共同研究者は敬称略、以下同）が総括しているので、ここでは本書成立までに道のりを記して「あとがき」に代えたい。

「甘え」と「自律」をめぐる研究を一冊の共著本にまとめようと思ったきっかけとなったのは、世織書房の伊藤晶宣氏から、二〇一三年の暮れに頂いたお電話だった。同僚の広田照幸先生が『教育システムと社会』（世織書房、二〇一四年）の打ち合わせの際に筆者の名前を出してくださったとのことで、大変ありがたいことに出版企画はないかという照会だった。単著を出せるほどの蓄積はないが、せっかくの話をふいにしたくはない。慌てて本書の企画を練り、執筆者の一部が参加した「発達教育学研究会」にて発案したところ、幸いにも賛同を得ることができた。そこで年明けに改めて執筆者全員に呼びかけをし、意見交換を始めた。三月には世織書房の門松貴子氏にもご参加頂いて、本書の刊行を目指した会合を持ち、その後何度かの検討と修正を経て今日に至ったというのが、本書成立の簡単な経緯である。

ところが以上はあくまで筆者の記憶であって、別の証言によれば物語の起源は異なるらしい。伊藤氏からお電話を頂く以前から、「発達教育学研究会」の打ち上げの席などで、筆者は本書のアイディアをたびたび口にしていたようなのだ。どちらが正しいのか今となっては「藪の中」だが、しかしいずれにせよ、本書の生い立ちはさらに遡ることができる。

筆者の視点から整理すれば、ことの発端は今から五年前の二〇〇九年一〇月に、櫻井歓、須川公央、関根宏朗の三氏から、土居健郎の「甘え」論に関する共同研究の誘いを受けたことである。もとより面識のあったメンバーであり、「甘え」は自分としても考えたい課題であったため、すぐに賛同し、さっそく「「甘え」研究会」が始動することとなった。ただしこの種はさらに遡って、西平直先生が東京大学大学院教育学研究科の二〇〇〇年度のゼミで「甘え」を主題とした時点ですでに蒔かれていたといえる。後に『研究室紀要』にてその記録を発見した関根が、当時を知る須川・櫻井に声をかけたことが発芽のトリガーとなり、再び時は動き始めた。「甘え研」は二〇一〇年一月より東京大学教育学部にて、二、三カ月に一度のペースで定期的に会合を持つこととなり、そこで交わされた議論をもとに、同年九月の教育思想史学会コロキウム発表を行った。共同研究の発案者として研究会を主導してきた関根が、事情により学会への参加がかなわなかったことは残念だったが、指定討論者をお引き受け頂いた生田久美子先生は遠方のところ事前準備からご参加下さり、当日司会をご担当頂いた小玉重夫先生とともに、大変貴重なご意見を下さった。お二人の先生には改めて感謝申し上げたい。本書第I部は、これらの研究がベースになっている。別掲の「初出一覧」とあわせてご覧頂ければ幸いである（なお、以下の所属はすべて当時のものである）。

「甘え」の比較人間形成論――土居理論と教育現実のあいだ

〈教育思想史学会第二〇回大会コロキウム2・二〇一〇年九月二〇日、於日本大学文理学部〉

企画：櫻井　歓（日本大学）／司会：小玉重夫（東京大学）

報告：須川公央（弘前学院大学）・櫻井　歓（日本大学）・下司　晶（日本大学）

指定討論者：生田久美子（東北大学）

この研究成果を教育思想史学会の機関誌『近代教育フォーラム』に投稿して共同研究に一区切りをつけた後、「甘え研」は発展的に解消され、二〇一一年より再び関根を中心として、新たに尾崎博美、小山裕樹らを加え「自律」に関する研究会が組織された。メンバーは皆、教育思想史学会が蓄積してきた近代教育学批判の影響下で思想形成してきた若手研究者だが、他方で近代教育学を代表する概念である「自律」を簡単に捨て去ることはできないだろうという思いも強くあり、近代教育学批判を経てなお「自律」を再評価する可能性を模索することとなった。「自律研」は東京大学教育学部や日本大学文理学部にて定期的に会合を持ち、前年の「甘え研」に劣らぬ熱意で研究を重ねてきた。その成果を問うたのが二〇一一年の教育思想史学会コロキウムである。この時は準備段階から宮寺晃夫先生にご指導を賜った。さらに大変光栄なことに、大会当日には『「自律」の復権』（ミネルヴァ書房、二〇〇四年）をはじめとする一連の著作で教育学における「自律」研究の新たな領野を切り拓いてこられた岡田敬司先生（京都大学）にもご参加頂き、貴重なご意見を頂いた。両先生にはこの場を借りて感謝の意を表したい。これらの研究が本書第Ⅱ部の基礎となっている。

教育学的「自律」概念の再検討

〈教育思想史学会第二一回大会コロキウム3・二〇一一年九月一九日、於 日本大学文理学部〉

企画：関根宏朗（東京大学大学院）／司会：下司　晶（日本大学）

報告：尾崎博美（新渡戸文化短期大学）・小山裕樹（東京大学大学院）・櫻井　歓（日本大学）

関根宏朗（東京大学大学院）／指定討論者：宮寺晃夫（筑波学院大学）

さて、以上の経緯からおわかりのように、本書は、これらの研究会や学会発表を企画してきた櫻井歓・関根宏朗の両名に負うところが多い。したがって本来であれば、編者のクレジットもこの二人であるべきところだが、たまたま年長の筆者がその役割を引き受けることになった。また以上の研究会や学会発表にご協力頂いた小玉重夫、生田久美子、宮寺晃夫の各先生にもご寄稿頂きたいと当初は考えたが、「自律」を冠する研究書で著名な先生方に甘えてはいけないと考え、あえて若手だけでチャレンジすることにした。多少心許ない部分もあるが、温かい目で見て頂ければ幸いである。生田先生、宮寺先生から頂いたコメントはそれぞれ、『近代教育フォーラム』第二〇号と第二一号に収録されているので、ご一読頂きたい。研究の過程でお二人をはじめいろいろな方々から頂いたご助言については、本書で各執筆者が昇華を試みているが、それが成功しているかどうかは読者諸氏の判断を仰ぎたい。

本書は、教育思想史学会に集う若手研究者の交流の中から生まれたといってもよい。教育思想史学会は、「近代教育学批判」を標榜して出発した近代教育思想史研究会を母体に結成された比較的歴史の浅い学会で、ポストモダニズムをはじめとする新たな思潮を教育学のなかでもひときわ早く我がものとし、一九九〇年代以降の教育学をリードしてきた。最新の研究動向を取り入れながら、「甘え」と「自律」に関する近代教育学の枠組みを問い直そうという本書が、この学会から生まれてきたことは故なきことではない。さらに本書は、内容面だけでなく人的交流においても教育思想史学会の恩恵に預かっている。この学会には若い世代を積極的に登用するという特長もあるが、本書の執筆者は、筆者が事務局長を拝命した教育思想史学会第Ⅶ期事務局体制（二〇〇九年一〇月〜二〇一二年一〇月）を支えてくれた面々でもある。また、最初に触れた「発達教育学研究会」は、本書に結実することになった「甘え研」と「自律研」を基礎に、教育思想史学会を介して知り合った若手が加わるなど、メンバーに若干の入れ替わりがありつつ成立したものである。二〇一二年六月に弘前にて最初の会合を持ち、現在まで定期的に活動を続けているこの研究会での議論から本書の企画が生まれたことは、冒頭で記したとおりである。

＊

最後に私事になるが、筆者が本書の執筆者たちと出会う以前の思い出話をさせて頂きたい。というのも出版を間近に控えた今、学部学生時代に消滅させてしまった二つの読書会（自主ゼミ）に、ようやく墓標を建てることができたように思えてならないからである。筆者が学んだ中央大学文学部教育学科教育学コースには「教育学サブゼミナール」という自主的な読書会集団があり、筆者が在籍した一九九〇年代はじめには一〇を超える分科会（ゼミ）に総計で一〇〇名以上が参加していた。教育学コースの学生は各学年五〇名程度だったので、ほぼ半数がサブゼミで活動していた計算になる。各ゼミは毎週、空き時間や授業終了後の教室で、つたないながらも当人たちの主観では熱心な議論を繰り広げ、毎年二月の定例会合宿でその成果を互いに報告しあっていた。当時の筆者は、複数のサブゼミを掛け持ちして、授業には出ずに好きな本ばかり読んでいた（そのために留年してしまった）のだが、この活動のなかで二つのゼミを潰してしまったことは、今も苦い思い出となっている。一つは長尾十三二先生のお声かけによって創設されたという歴史のある「教育思想ゼミ」である。最終年度は四・五年生ばかりで、カントの『道徳形而上学原論』を読んでいたが、メンバーのせいかテクストのせいか、あるいは教育思想より現代思想の方が人気だったからか、ともかく下級生が全く集まらず、結局、消滅してしまった。長尾先生や諸先輩方には今でも申し訳ない気持ちで一杯である。もう一つは、思い出すだに恥ずかしい名前の「日本人を考えるゼミ」である。むろんレイシストやナショナリストの集団というわけではなく、森田尚人先生の基礎演習で読んだ丸山眞男の『日本の思想』に触発され、土居の『「甘え」の構造』をはじめとする比較文化論的な著作を読もうと立ち上げたものだ。今ならばその本質主義的発想が問題だったとわかるのだが、途中でいろいろと行き詰まってしまい、賛同し参加してくれたメンバーにお詫びしつつ、わずか二年で自ら解散を宣言した（見捨てられた後輩は「教育社会学ゼミ」をつくったが、そちらは成功した）。本書の企画によって、これらの青春の積み残しが精算できたのかどうかはよくわからない。ともあれ読者の皆さんにとって本書が意義あるものであれば大変ありがたく思うし、今は亡き二つの自主ゼミも少しは浮かばれるかもしれない。

本書の企画出版に際しては、世織書房の伊藤晶宣氏、門松貴子氏に大変ご尽力頂いた。出版事情の厳しい折に、若手ばかりが集う論文集を出して頂き、感謝の念に堪えない。心より厚く御礼申し上げます。
また、世織書房にご紹介頂いた広田照幸先生にも深く感謝します。

二〇一四年一〇月　教育思想史学会第二四回大会を前に

執筆者を代表して　下司　晶

編著者紹介〈執筆順〉

下司　晶（げし・あきら）　　序章、第Ⅰ部第４章担当
日本大学文理学部教授。1971年生まれ。中央大学大学院文学研究科教育学専攻博士後期課程単位取得退学。博士（教育学）。主な著書に『〈精神分析的子ども〉の誕生――フロイト主義と教育言説』（東京大学出版会、2006年）、『教育思想史で読む現代教育』（分担執筆、勁草書房、2013年）、『教員養成を哲学する――教育哲学に何ができるか』（共編著、東信堂、2014年）等。　【編者】

須川公央（すかわ・きみひろ）　　第Ⅰ部第１章担当
白梅学園大学子ども学部准教授。1975年生まれ。東京大学大学院教育学研究科博士課程満期退学。主な著書・論文に『ケアと人間――心理・教育・宗教』（分担執筆、ミネルヴァ書房、2013年）、「エリクソンにおける女性性とジェンダー（２）――アイデンティティ・親密性・ケア」（『神奈川大学心理・教育研究論集』第31号、2012年）等。

関根宏朗（せきね・ひろあき）　　第Ⅰ部第２章、第Ⅱ部第１章、終章担当
明治大学文学部准教授。1980年生まれ。東京大学大学院教育学研究科博士課程修了。博士（教育学）。主な論文に「政治的教育人間学の成立可能性を考える」（『近代教育フォーラム』第23号、2014年）、「社会のなかの私、あるいは「ファシズム」を読む作法」（『季刊 人間と教育』第84号、2014年）等。

櫻井　歓（さくらい・かん）　　第Ⅰ部第３章、第Ⅱ部第１章担当
日本大学芸術学部准教授。1972年生まれ。東京大学大学院教育学研究科博士課程満期退学。主な著書・論文に『西田幾多郎――世界のなかの私』（朝文社、2007年）、「歴史的生命の表現としての芸術――後期西田哲学にみる自己形成概念の二重性」（『日本大学芸術学部紀要　論文篇』第52号、2010年）等。

富田純喜（とみた・つなき）　第Ⅱ部第2章担当

高崎健康福祉大学人間発達学部助教。1980年生まれ。日本大学大学院文学研究科教育学専攻博士後期課程満期退学。主な論文に「社会的関係構造としての子どもの変容——幼稚園における年度末から年度始めの保育実践の関係論的分析」(『乳幼児教育学研究』第19号、2010年)、「幼児期の子どもの変容を捉える保育者の視点——保育者へのインタビュー調査の分析から」(日本大学文理学部人文科学研究所『研究紀要』第86号、2013年）等。

小山裕樹（おやま・ゆうき）　第Ⅱ部第3章担当

摂南大学外国語学部講師。1980年生まれ。東京大学大学院教育学研究科博士課程満期退学。主な論文に「存在の中で当為を如何に描出し得るか——ヘルバルト心理学における「球体」のシンボル論的意義」(『教育哲学研究』第107号、2013年)、「自由への無限の過程——ヘルバルトの道徳教育論における「完全性」概念の含意」(東京大学大学院教育学研究科基礎教育学研究室『研究室紀要』第40号、2014年）等。

尾崎博美（おざき・ひろみ）　第Ⅱ部第4章担当

東洋英和女学院大学准教授。1978年生まれ。東北大学大学院教育学研究科総合教育科学専攻博士課程修了。博士（教育学）。主な著書・論文に『男女共学・別学を問いなおす』(分担執筆、東洋館出版社、2011年)、「教育目的としてのeducated person概念を問う意義とは何か」(『教育哲学研究』第102号、2010年)、「教育言説としての「ケア」論がもつ困難性と可能性」(『教育思想』第37号、2010年）等。

初出一覧

＊ただし、いずれの原稿も大幅に加筆・修正を施してある。

序章　書き下ろし

第Ⅰ部

第１章　須川公央「「甘え」理論の内包と外延――「甘え」の比較人間形成論のために」教育思想史学会『近代教育フォーラム』20号（2011)、pp.195-198.

第２章　関根宏朗「自律と他律のあいだで――土居健郎の「甘え」理論における能動性の問題」東京大学教育学研究科基礎教育学研究室『研究室紀要』37号（2011)、pp.39-46.

第３章　櫻井歓「「甘え」理論と西田哲学――西洋へのアンビヴァレンスと母子関係へのまなざし」教育思想史学会『近代教育フォーラム』20号（2011)、pp.198-201.

第４章　下司晶「「甘え」理論と日本の近代――コロニアリズムとポストモダニズムのあいだで」教育思想史学会『近代教育フォーラム』20号（2011)、pp.201-204.

第Ⅱ部

第１章　関根宏朗「はじめに（コロキウム 教育学的「自律」概念の再検討)」教育思想史学会『近代教育フォーラム』21号（2012)、p.209、櫻井歓「「おのずから」より「みずから」へ――木村敏と西田幾多郎を介しての「自立／自律」概念の再検討」教育思想史学会『近代教育フォーラム』21号（2012)、pp.216-217.

第２章　書き下ろし

第３章　小山裕樹「「自律」過程における「他者の個別性」――カント「美的判断」概念の解釈射程の中で」教育思想史学会『近代教育フォーラム』21号（2012)、pp.212-213.

第４章　尾崎博美「教育学的「自律」を問うことの意義とは何か――教育目的としての「自律」概念が持つ特徴に注目して」教育思想史学会『近代教育フォーラム』21号（2012)、pp.210-212.

終章　書き下ろし

「甘え」と「自律」の教育学——ケア・道徳・関係性

2015年5月5日　第1刷発行©
2017年5月5日　第2刷発行

編　者	下司　晶
装　幀	T．冠着
発行者	伊藤晶宣
発行所	(株) 世織書房
印刷・製本所	(株) ダイトー

〒220-0042　神奈川県横浜市西区戸部町7丁目240番地　文教堂ビル
電話045 (317) 3176　振替00250-2-18694

落丁本・乱丁本はお取替いたします　Printed in Japan

ISBN 978-4-902163-79-7